Tschiedl/Szeliga: **KommUNIKATion**

Sigrid Tschiedl
Roman F. Szeliga

KOMM UNIKAT ION

Persönlichkeit wirkt einzigartig

Verlagshaus der Ärzte

Impressum

© Verlagshaus der Ärzte GmbH, Nibelungengasse 13, A-1010 Wien
www.aerzteverlagshaus.at

1. Auflage 2011

Das Werk ist urheberrechtlich geschützt. Die dadurch begründeten Rechte, insbesondere das der Übersetzung, des Nachdrucks, der Entnahme von Abbildungen, der Funksendung, der Wiedergabe auf fotomechanischem oder ähnlichem Wege und der Speicherung in Datenverarbeitungsanlagen, bleiben, auch bei nur auszugsweiser Verwendung, vorbehalten.

ISBN 978-3-902552-67-9

Umschlag und Grafik Schrift-Bild-Marke „KommUNIKATion": Andrea Malek, malanda-buchdesign, Graz
Satz: Grafikbüro Lisa Hahsler, Deutsch-Wagram
Projektbetreuung: Hagen Schaub
Druck & Bindung: Ferdinand Berger & Söhne GmbH, 3580 Horn

Printed in Austria

Autoren und Verlag haben alle Buchinhalte sorgfältig erwogen und geprüft, dennoch kann keine Garantie übernommen werden. Eine Haftung der Autoren bzw. des Verlags wird daher nicht übernommen.

Aus Gründen der leichteren Lesbarkeit – vor allem in Hinblick auf die Vermeidung einer ausufernden Verwendung von Pronomen – haben wir uns dazu entschlossen, alle geschlechtsbezogenen Wörter nur in eingeschlechtlicher Form – der deutschen Sprache gemäß zumeist die männliche – zu verwenden. Selbstredend gelten alle Bezeichnungen gleichwertig für Frauen.

Liebe Leserin, lieber Leser!

Vor Ihnen liegt ein sehr persönliches Buch. Es ist ein Buch über Kommunikation und Wirkung – Ihre individuelle Art von Kommunikation und Ihre einzigartige Wirkung. Sie können es auf Ihre ganz persönliche Weise lesen und nutzen.

Es soll Ihnen ebenso einen fachlichen Überblick über Kommunikationsthemen bieten wie eine breite Palette an praktischem „Handwerkszeug" und die Möglichkeit, Unbekanntes auszuprobieren. Es soll Sie dabei unterstützen, Neues (über sich selbst) zu erfahren und Bekanntes wieder ins Gedächtnis zu rufen (oder aus einer anderen Perspektive zu betrachten).

Dieses Buch ist nicht nur ein „Sach"-Buch, sondern auch ein „Mach"-Buch. ☺

Theorie und Praxis haben hier die gleiche Bedeutung. So können Sie Ihren individuellen Zugang zu den kommenden Themen selbst wählen.

Was kommt auf Sie zu? Was finden Sie in diesem Buch?

- Möglichkeiten, die eigenen Kommunikationsmittel kennenzulernen
    - dadurch sich selbst im Umgang mit anderen besser verstehen
    - dadurch neue Wege in der Kommunikation für sich erkennen und nutzen
    - dadurch besser ankommen
- Wege zu einer wertschätzenden Kommunikation miteinander
- Neue An- und Einsichten durch unterschiedliche Perspektiven und Betrachtungsmöglichkeiten (z.B. zur Abwechslung, mit Gefühl oder Spaß)
- Charme – die eigene Ausstrahlung kennenlernen
- Humor – zulassen und einbringen
- Präsentation – die Bühne erobern, sich selbst motivieren
- Tipps und Tricks für Auftritt und Wirkung – persönlich, praktisch, professionell
- Jede Menge Übungen und Anregungen zur kreativen Gestaltung Ihrer persönlichen Kommunikation

KOMMUNIKATION
Sigrid Tschiedl | Roman Szeliga

So persönlich, wie Sie, liebe Leserin/lieber Leser, dieses Buch für sich lesen werden, so persönlich ist es auch geschrieben. Alle Themen, die ich Ihnen in diesem Buch präsentieren darf, sind durch einen jahrelangen Prozess der Selbsterfahrung zu meinen persönlichen Themen geworden, die ich auch täglich zu leben versuche und in meinen Seminaren mit voller Überzeugung vertrete.

Die Arbeit im Theater, der Oper, auf und hinter der Bühne hat mich dabei viel gelehrt und Stoff für jede Menge Anekdoten und persönliche Praxisbeispiele geliefert.

Theorie und Übungen in diesem Buch sollen Sie dazu anregen, der eigenen Persönlichkeit Möglichkeiten und Raum zu schaffen, sich positiv und authentisch „in Szene zu setzen".

Es fällt mir schwer, ohne optische und akustische Mittel Phänomene von Kommunikation und Wirkung zu beschreiben. Ich versuche es trotzdem; nicht ohne den ehrgeizigen Anspruch, hinter jedem Wort, das Sie in diesem Buch lesen, persönlich zu stehen und zu versuchen, es aktiv selbst umzusetzen. Ich möchte das „Rad nicht neu erfinden", sondern Ihnen auf meine Art einen Zugang zu einer gelungenen, wertschätzenden, persönlichen Kommunikation vermitteln.

Ich hoffe, Sie finden auf den kommenden Seiten für sich jede Menge Zugänge, Impulse und praktische Ansätze. Ich freue mich, dass Sie sich auf die Suche nach Ihrer einzigartigen Wirkung machen, und wünsche Ihnen dabei viel Erfolg und Spaß!

Alles Liebe

Sigrid Tschiedl

Homepage: www.denkimpuls.at
Kontakt: sigrid.tschiedl@denkimpuls.at

Sprechstunde
oder das Vorwort des Arztes

Als mich Sigrid (Tschiedl) bat, an diesem Buch mitzuwirken, in dem es um Emotionen, um Humor, vor allem aber um den Mensch als Unikat geht, habe ich sofort zugesagt.

Die Gründe dafür möchte ich Ihnen kurz darlegen.

Ich kenne Sigrid von einer Zeitungsannonce ... Nein, um es gleich richtigzustellen – es war keine Kontaktanzeige ☺, sondern ein lesenswerter, begeisternder Artikel über ihre Lebensphilosophie, ihre Trainingstätigkeit, und hier vor allem über ihr Hauptthema, die „Charmeoffensive".

Von diesem Charme und den Inhalten überwältigt, nahm ich sofort Kontakt auf, da ich aufgrund unserer ähnlichen emotionalen Kommunikationsansätze großes Potential in einer Zusammenarbeit sah. Mein erster Eindruck hat mich nicht getäuscht (und wie wichtig dieser erster Eindruck ist, lesen Sie dann noch im Buch...).

Ich schätze Sigrid als kompetenten, authentischen und irrsinnig sympathischen Menschen, der es schafft, mit Charme, Herz, Hirn und Humor nicht nur die für das Thema *EMOTION* offenen Menschen zu begeistern, sondern auch den starren *Emotionsverweigerern* das Tor zu mehr Leichtigkeit im Leben zu öffnen.

Die Arbeit mit ihr macht auch mir selbst viel Spaß und ich freue mich schon jetzt sehr auf unsere nächsten gemeinsamen Trainings- und Workshops.

Fazit: Wenn so ein *einzigartiger* Mensch ein *einzigartiges* Buch schreibt, dann muss man doch dabei sein! ☺

Mein persönliches Hauptthema, mit dem ich seit mehreren Jahren als Vortragender und Trainer im deutschsprachigen Raum unterwegs bin, ist *„Humor im Business"*.

„Lachen ist wie Aspirin, es wirkt nur doppelt so schnell."

Dieses Zitat von Groucho Marx sollten sich viele Führungskräfte ins Auftragsbuch schreiben und nicht nur gerade jetzt, wenn ihnen die momentane Wirtschaftslage Kopfschmerzen bereitet ...

KOMMUNIKATION
Sigrid Tschiedl | Roman Szeliga

Humor ist ein Erfolgsfaktor. Humor ist die beste Ergänzung zur Kompetenz. Humor motiviert, begeistert, verkauft. Ihre Ideen, Ihre Werte, Ihre Produkte.

Humor und positive Emotionen sind viel ansteckender als jeder Keim, egal, ob er vom Vogel, Rind oder Schwein stammt oder auf Sprossen sitzt – und ich muss es ja wissen, schließlich bin ich ja Arzt ...

Als einer der Mitbegründer der Cliniclowns im Jahr 1991 kenne ich auch die therapeutische Seite des begeisternden, ehrlichen und authentischen Humors. Was hier mit schwerkranken Menschen – egal ob jung oder alt – auf der emotionalen Seite möglich wird, ist beeindruckend. Doch warum müssen wir alle erst krank werden, um Humor als Lebenselixier, als legales Doping für die Seele zu akzeptieren?

„Kennen Sie jemanden, der beim Lachen einen Herzinfarkt bekommen hat? Nein?", meint auch der Professor für Psychiatrie an der Standford University William Fry selbstsicher: „Es wäre auch das erste Mal gewesen." So viel Beweis muss reichen – ein Beweis für die Heilkraft des Lachens und der guten Stimmung.

In diesem Buch finden Sie daher ein emotionales Rezeptbuch voller kreativer Ideen, wie Sie die tägliche Kommunikation angenehmer, gewinnbringender und erfolgreicher machen können.

Ich wünschen Ihnen mit diesem Buch von Sigrid Tschiedl viel persönliche Inspiration, viele Impulse und viel Vergnügen (und dieses werden Sie mit Sicherheit haben).

Vergessen Sie bei all dem nicht die wichtigste Turnübung, die es gibt: Sich auch selbst wieder einmal auf den Arm zu nehmen.

Dr. Roman F. Szeliga

Mehr von und zu Dr. Szeliga finden Sie ...

... in seinem neuen Buch
Erst die Arbeit, dann das Vergnügen
Mit einem Lachen zum Erfolg
Kösel, ISBN 978-3-466-30931-3

... und im Web unter:
www.roman-szeliga.com
www.meducate.at
www.happyundness.at

Danksagung

Ich möchte an dieser Stelle einigen besonderen Menschen von ganzem Herzen „danke" sagen:

Katharina Oppeck und Ingrid Margreiter, die mir unschätzbar wertvolles, motivierendes Feedback während meiner Arbeit gegeben und mit Geduld und Interesse den Entstehungsprozess dieses Buches begleitet haben.

Dr. Roman Szeliga, der mir großartige Seminarplattformen zur Verfügung stellt, auf denen ich meine persönlichen Fähigkeiten, mein Wissen und die Botschaften, die mir am Herzen liegen, professionell transportieren kann. Danke für die ebenso humorvolle wie lehrreiche Zusammenarbeit!

Meinem Mann Dietmar, der mir mit seinem Glauben an mich täglich hilft, den Glauben an mich selbst zu stärken. Ohne seine Liebe und Unterstützung wäre dieses Buch nicht zustande gekommen.

Emil dafür, dass er für ein Lächeln nicht mehr Grund braucht, als mich zu sehen.

Meinen Eltern sowie Edelgard Wörgötter, ohne die ich niemals alles unter einen Hut bringen würde.

Ich danke auch der Schauspielerin und Sängerin Bina Blumencron (mehr zu ihr unter www.bina-blumencron.at), die sich für dieses Buch als Model zur Verfügung gestellt hat und meine Vorgaben rasch und perfekt umgesetzt hat.

Maria Anna Kuzmits, Mag. Hagen Schaub und Mag. Michael Hlatky vom Verlagshaus der Ärzte, die mir die Umsetzung dieses Buches ermöglicht und mir dabei in jeder Hinsicht wunderbare Gestaltungsfreiheit gelassen haben.

Meinen SeminarteilnehmerInnen, die mich durch ihr Feedback und ihre Fragen dazu bringen, mich auf dem Gebiet der Kommunikation ständig weiterentwickeln zu wollen.

Meiner gesamten Familie, die mich einfach so nimmt, wie ich bin, und mir nie vermittelt hat, dass etwas, das ich erreichen möchte, unmöglich ist.

Meinen lieben Speckbroten und Verena Leitner, echten Freundinnen, die mir nicht nur bei Sorgen und Problemen zur Seite stehen, sondern sich mit mir genau so intensiv freuen können. Ich bin froh, dass wir einander auf unserem Lebensweg begleiten.

Ihr alle erweitert täglich meinen Horizont! Danke!

Sigrid Tschiedl

Inhalt

Kapitel 1
Wie wirken wir? ... 15

Wirkung in der Kommunikation ... 17
Wirkung durch Persönlichkeit und Selbstbewusstsein ... 20
Wirkung ist Haltung ist Körpersprache ... 23
    Welcher Körpersprachetyp sind Sie? ... 24
Wirkung ist Emotion ist Mimik ... 26
Wirkung ist Stimmung ist Stimme ... 28
Wirkung ist glaubhaft – wenn alles zusammenpasst! ... 30

Kapitel 2
Vom positiven *ersten* zum intensiven *zweiten* Eindruck ... 35

Der gelungene Start – Blickkontakt, Begrüßung, Begegnung ... 36
    Auf den ersten Blick – mit den Augen zum Kontakt ... 38
    Auf den ersten Ton – mit der Stimme berühren ... 39
    Auf den ersten Griff – Was der Händedruck verrät ... 41
Abstände und Umstände ... 42
Keine Begegnung ohne Beziehung ... 44
Sympathie – ein positives Vorurteil ... 46
Besondere Begegnung – dauerhafte Kontakte ... 47
    Fazit ... 54

Kapitel 3
Mit allen Sinnen kommunizieren – vom Senden, Empfangen und Verstehen ... 55

Der Reiz trifft auf den Sinn ... 57
    Ihr persönlicher Sinn-Schwerpunkt ... 58

Erinnerungen haben Sinn	60
Sinn macht Gefühl	62

Der Reiz wird zur Botschaft	64
„Was ich meine, wenn ich sage …" – jede Nachricht hat vier Seiten	65
„Was ich verstehe, wenn du sagst …" – jeder Empfänger hat vier Ohren	69
Die Botschaft bestimmt der Empfänger!	71
Ein „Kommunikations-Gehörtest"	73
Jedes Ohr hat seine Qualitäten	80
Zwischen den Ohren wechseln, Nachrichten verstehen	82

Kapitel 4
Persönlichkeit verbindet – die Charmeoffensive …85

Was macht Charme aus?	86
Persönlichkeit/Individualität	88
Einfühlungsvermögen und Aufmerksamkeit	90
Selbstbewusstsein/sicheres Auftreten	91
Stimmige Kommunikation in Mimik, Gestik und Sprache	93
Der Situation angepasstes Benehmen/Flexibilität	94
Authentizität	96
Charisma – bewusst wertschätzend	97
Das geschickte Kompliment	98
Komplimente annehmen	101
Das gewinnende Lächeln	102
Die Dos und Don'ts der charmanten Kommunikation	103

Kapitel 5
Mit Humor – vom Sinn des Unsinns …107

Humor, was ist das? – Wirkung und Wesentliches	108
Wie und wo wirkt Humor	110
Humor, wie geht das? – Paradoxes und Praktisches	113
Humor wann und warum (nicht)? – Einwände und Ermutigung	115
Was blockiert Humor? Und warum Sie das nicht weiter beeindrucken sollte!	116

Wo(durch) entsteht Humor? Wie Sie ihn finden und anwenden! 118
    Situationskomik 118
    Allgemeine Übereinstimmungen 119
    Persönliche Eigenheiten, individuelle Eigenschaften 119
Lachen, aber richtig! 120
Humor als Marke „ICH" – sich selbst nicht mehr so wichtig nehmen 122
Humor – was bringt das? 124

Kapitel 6
Bühne frei für mich! – Sicherer Auftritt, starke Wirkung! . . . 127

Sich selbst-bewusst präsentieren 128
Die Rolle und ich – eine/r für alle und alle sind ich! 130
    Rollen: ja bitte – spielen: nein danke! 133
    Rollenbilder kennenlernen und persönlich gestalten 135
Situationen in Eigenregie übernehmen – definieren, probieren,
improvisieren 137
Dem Publikum eine Chance geben! 141
Auf Sendung gehen – selbstbewusst präsent sein 144
Lampenfieber, na und? 146
Vor dem „Auftritt" – gut selbstmotiviert ist halb präsentiert! 147
Präsentationsbeginn – von der inneren Einstellung zur äußeren Darstellung . . . 150
Balance durch Vielfalt und Emotion 154
Ihr Typ ist gefragt! – Nutzen Sie Ihr individuelles Ausdrucksspektrum! 156

Kapitel 7
Zwischen-*menschlich* kommunizieren – ganzheitlich und wertschätzend! . . . 157

Einander einschätzen – sich aufeinander einstellen 158
Welcher Kommunikationstyp sind Sie? Ich seh' in mir, was du nicht
siehst! – Selbsteinschätzung und Fremdbild 162
Ich bin anders – du auch! Die Perspektive wechseln 165
Meine Werte/deine Werte – kennen und schätzen lernen! 167
Kommunikation – jetzt aber „richtig"! 169
Das innere Trio – Bauch, Kopf, Herz 169
    Bauchgefühl – *spüren und glauben* 170

Kopfarbeit – *denken und verstehen* 173
Herzensangelegenheit – *wünschen und wollen* 175
Alle gemeinsam besser als einsam! 177

Kapitel 8
„Kommunikationsfundgrube" – Fragen und Antworten, Be- und Merkenswertes ...181

Noch Fragen? Ja bitte! 182
Wortschöpfungen wirken 183
Positiv denken, positiv sprechen 184
Wie der „Schnabel gewachsen ist" 186
Nur „ich" bin persönlich! 186
Die Feedback-Regeln im Überblick 190
Der letzte Eindruck bleibt – das merke ich mir! 195
Das „gelungene" Finale 195
Zum Schluss noch ein wenig *Merk-Würdiges* 197

Bücher, die weiterführen oder -helfen ...199

Register ...201

Bildquellennachweis ...205

Kapitel 1

Wie wirken wir?

KOMM**UNIKAT**ION

Sigrid Tschiedl | Roman Szeliga

Kommunikation ist ein weites Themenfeld, es betrifft uns alle – und zwar ganz persönlich!

Denn wir haben täglich Anteil an kommunikativen Prozessen. Wir kommunizieren schriftlich oder mündlich miteinander, durch Bilder oder Körpersprache. Kommunikation wirkt auf verschiedenen Ebenen: Worte können aufbauen oder verletzen, Gesten können einschüchtern oder einladen, ein Blick kann verbinden oder vernichten.

Doch jeder Mensch ist anders, auch was die Art und Weise betrifft, wie er Informationen und Emotionen vermittelt und selbst aufnimmt. Haben Sie sich schon einmal die Frage gestellt, wie Sie auf andere *wirken*?

Ich verwende das Wort „wirken" sehr bewusst, denn es hat jene Doppelbedeutung, die für mich Kommunikation ausmacht.

Einerseits ist „wirken" ein aktives Wort, das eine aktive Tätigkeit bezeichnet – *etwas bewirken, eine Wirkung erzielen, handeln.*

Andererseits beschreibt es den Eindruck, den wir auf andere machen – *auf jemanden wirken, einen Eindruck erwecken, (er)scheinen.*

Das Wort „wirken" drückt also sowohl *Aktivität* als auch *Passivität* aus. Beide Komponenten sind Elemente der Kommunikation. Beide gehören zu unserer ureigenen, persönlichen „Wirkung".

Um zu erkennen, wie diese zustande kommt, ist es nützlich, zuerst einige allgemeine Prozesse und Begriffe der Kommunikation kennen und verstehen zu lernen. Übungen sollen Ihnen dabei helfen, die Theorie gleich in die Praxis umzusetzen. So wird der Inhalt der folgenden Kapitel nicht nur *begreif-*, sondern auch sofort *spürbar* – er *wirkt* also doppelt.

Wirkung in der Kommunikation

Wir tun es jeden Tag, mehr oder weniger bewusst, absichtlich oder unfreiwillig und in jedem Fall „immer": kommunizieren.

> Das Wort Kommunikation stammt aus dem Lateinischen und bedeutet *teilen, mitteilen, gemeinsam machen.*
>
> Kommunikation entsteht in Zusammenhang mit sozialer Interaktion.
>
> Das bedeutet: Wo mindestens zwei Menschen einander wahrnehmen, entsteht Kommunikation und damit eine wechselseitige Wirkung.

Viele Wissenschaftler und Forscher haben sich in den vergangenen Jahrzehnten mit Kommunikation beschäftigt. Zu den populärsten unter ihnen zählt Paul Watzlawick („Anleitung zum Unglücklichsein" siehe Bücher- und Linkliste).

Er hielt 1969 die wichtigsten Grundregeln (Axiome) für Kommunikation fest:

1. Man kann nicht *nicht* kommunizieren.

Anders gesagt: Man kommuniziert immer. Das bedeutet, wir senden Signale aus, die von anderen aufgenommen werden und für diese eine bestimmte Bedeutung haben.

Mit jemandem nicht zu reden, heißt also noch nicht, dass beim anderen nichts ankommt, denn wir *verhalten* uns, und das „Verhalten" hat kein Gegenteil. Man kann es *nicht* unterlassen.

> **ÜBUNG:**
>
> Versuchen Sie einmal bei einem Freund oder einer Bekannten in der ersten Minute eines Treffens ohne einen bestimmten Grund nicht zu sprechen und beobachten Sie seine/ihre Reaktion. Sie werden überrascht sein, was sofort alles in Ihr Verhalten hineininterpretiert wird.

2. Kommunikation ist immer auch *„nicht sprachlich"* (nonverbal).

Selbst wenn wir kein Wort sprechen, kommt eine Botschaft beim anderen an.

Körpersprache, Mimik und Gestik verraten uns. Denn nonverbale Kommunikation ist entwicklungsgeschichtlich älter als Sprache und wirkt direkter bzw. unverfälschter.

> **ÜBUNG/SELBSTREFLEXION:**
>
> „Ich hab doch gar nichts gesagt!" Haben Sie jemals versucht, sich so in einem Streit zu verteidigen? Und sind Sie sicher, dass Sie nicht trotzdem ein Signal gesendet haben, das Ihrem Gegenüber gezeigt hat, dass Sie nicht auf seiner Seite stehen? Wie kommuniziert Ihr Körper Verwirrung, Langeweile oder Interesse?

Kapitel 1 › Wirkung in der Kommunikation

3. In Situationen erleben wir unser Verhalten meistens als *Reaktion* auf das Verhalten des anderen.

Hierzu ein Beispiel: Eine Mann sagt über eine Frau nach einem ersten Date: „Sie hat ohne Punkt und Komma geredet, ich bin gar nicht zu Wort gekommen." Die Frau hingegen sieht die Situation so: „Er hat überhaupt nichts gesagt, das war so unangenehm. Ich musste die ganze Zeit reden."

Wer ist hier das „Opfer", wer der „Täter"? Und wer hat angefangen?

Wie schnell macht man das Benehmen anderer oder die Umstände für das eigene Verhalten verantwortlich und meint, gar nicht anders reagieren oder handeln zu können? Tatsächlich ist jeder von uns immer gleichzeitig Täter und Opfer. Zu erkennen, dass man die Anteile an beiden Rollen verändern und die eigene Reaktion beeinflussen kann, ist der erste Schritt zur selbstgestalteten Kommunikation.

ÜBUNG/SELBSTREFLEXION:

In welchen Situationen haben Sie das Gefühl, überhaupt keinen Einfluss auf Ihre Reaktion zu haben? Glauben Sie auch automatisch, sich beeilen zu müssen, wenn hinter Ihnen jemand an der Supermarktkasse wartet? Werden Sie ungeduldig, wenn das Auto vor Ihnen nicht sofort losfährt, wenn die Ampel auf Grün schaltet?

Versuchen Sie einmal, wenn Sie ein typisches Verhalten an sich bemerken, anders zu reagieren, als Sie es instinktiv tun würden (z.B. statt gereizt zu reagieren zu lachen, statt hektisch zu werden zwei mal durchzuatmen) und beobachten Sie den Unterschied (innerlich und äußerlich).

(Teufels-)Kreislauf der Axiome

Ein typisches Beispiel: Die Ehefrau beschwert sich, weil ihr Mann sich immer mehr zurückzieht. Er hingegen rechtfertigt sich damit, dass er nur auf die ständigen Nörgeleien seiner Frau reagiert. (nach Paul Watzlawick).

Wirkung durch Persönlichkeit und Selbstbewusstsein

Nicht nur charakterlich ist jeder Mensch einzigartig. Er ist es auch im Ausdruck! Dieser wird schon in der Kindheit geprägt.

Kinder imitieren Gesichtsausdrücke, Stimmfarbe und Bewegungen ihrer Eltern. Durch Nachahmung lernen wir miteinander zu kommunizieren und erleben so Ursache und Wirkung unseres Verhaltens. Gepaart mit der Persönlichkeit ergibt sich so im Laufe der Zeit unser individueller Ausdruck – sozusagen der eigene Stil.

Wir werden an unserer Stimme erkannt und unsere Bewegungen werden „typisch". Jeder Mensch kommuniziert auf seine persönliche Art. Jede Persönlichkeit wirkt auf ihre Weise. Unsere Erfahrungen, innere Einstellung und unser Charakter sind dabei besonders ausschlaggebend.

Kennen Sie Ihre persönliche Wirkung? Sind Sie sich bewusst, was passiert, wenn Sie einen Raum voller Menschen betreten oder zu einer Gruppe dazustoßen? Fallen Sie

Kapitel 1 › Wirkung durch Persönlichkeit und Selbstbewusstsein

auf oder bemerkt man Sie gar nicht? Wie werden Sie von anderen wahrgenommen? Wird es in Ihrer Gegenwart lauter oder ruhiger, hektischer oder konzentrierter? Welche Ausstrahlung, welche *Bewirkkraft* haben Sie?

Auf der Suche nach einer Verbesserung der eigenen Wirkung müssen wir zuerst in uns selbst gehen und unseren persönlichen Kommunikationsstil reflektieren.

Sich selbst den Spiegel vorzuhalten und Neues auszuprobieren, kann uns von unbewussten Gewohnheiten weg- und hin zu klarer, selbstbestimmter Kommunikation führen.

ÜBUNG/SELBSTREFLEXION:

Imitatoren versuchen, den individuellen Ausdruck Prominenter genau zu kopieren. Was würde man an Ihnen kopieren müssen, um Sie für andere sofort erkennbar zu machen? Eine bestimmte Handbewegung, eine typische Redewendung, Ihr Gang?

Welche Reaktionen auf Ihr Verhalten beobachten Sie für gewöhnlich in Gesellschaft? Hört man Ihnen zu? Stehen Sie sofort im Mittelpunkt oder lässt man Sie nie zu Wort kommen?

Welche Dinge tun wir bewusst und welche sind uns vielleicht noch gar nicht aufgefallen?

Wie wenig wir oft über die eigene Wirkung wissen, obwohl wir uns selbst gut zu kennen glauben, kann vielleicht dieses **kleine Praxisbeispiel** veranschaulichen:

> Der Weg zum *Selbstbewusstsein* führt über die *Selbstreflexion* und *Selbsterfahrung* schlussendlich zum *Selbstvertrauen*!
>
> Sigrid Tschiedl

In einem meiner Seminare hatte ich einmal eine Teilnehmerin, die besonders ehrgeizig war. Sie wirkte durchaus selbstsicher, war das Präsentieren von Themen und das freie Reden vor mehreren Menschen gewöhnt und wollte nur hier und da ein paar Kleinigkeiten verbessern. Schon bei ihrer ersten Probepräsentation fielen sie allen Zuhörern auf, die drei kleinen Worte „Ich sag einmal ...". Diese Worte verwendete die Kursteilnehmerin beinahe vor jedem Satz, als Pausenfüller, als Überleitung zu neuen Themengebieten, zur Abschwächung oder Verstärkung von Argumenten, schlicht ununterbrochen. „Ich sag einmal, dieses Thema geht uns alle etwas an ... und ich sag einmal, das ist mir besonders wichtig ... ich sag einmal, da wird mir jeder zustimmen, wenn ich ... ich sag einmal, endlich zum Schluss komme." In dieser Art lief der Vortrag in etwa ab, und was am Ende beim Publikum hängen blieb, war natürlich hauptsächlich „ich sag einmal ..." Die kleine Redewendung wirkte ausweichend und schwächte die Überzeugungskraft der Darstellung.

Diese Rückmeldung gaben die Zuhörer nun auf respektvolle Weise ihrer Seminarkollegin. Das absolut Erstaunliche daran war, dass sich diese ihrer Gewohnheitsredewendung in keiner Weise bewusst war. Sie hatte die drei genannten Worte noch nie von sich selbst gehört. Die Seminargruppe bot ihr an, mitzuzählen bzw. sie darauf hinzuweisen, wenn sich „ich sag einmal ..." wieder in den Sprachgebrauch der Kollegin einschleichen würde. Bereits im ersten Satz, der in der nächsten Diskussion fiel, tauchten die drei Worte auf. Die Reaktion der Betroffenen war unglaublich. Sie hörte erstmals selbst die Redewendung, sie wurde ihr *bewusst*. In ihrem Gesicht war zuerst Überraschung, dann Verwirrung zu sehen. Sie schlug die Hand vor den Mund, als hätte Sie unabsichtlich etwas total Falsches gesagt. Das Unbewusste war plötzlich sichtbar geworden.

In den folgenden Stunden musste niemand mehr die besagte Teilnehmerin auf ihre Gewohnheit aufmerksam machen. Sie war entschlossen, den drei kleinen Worten den Kampf anzusagen und sie allenfalls nur mehr absichtlich zu verwenden. Es gelang ihr hervorragend.

Ich durfte noch mehrere verschiedene Seminare mit ihr absolvieren, habe aber „ich sag einmal" nie wieder aus ihrem Mund gehört!

Oft bewirkt schon das Bewusstmachen von Vorgängen eine Veränderung des Verhaltens.

Ich möchte Sie einladen, sich in den kommenden Kapiteln auf jede Menge Übungen zur Selbstreflexion einzulassen und so sich selbst und ihre Wirkung besser kennenzulernen.

Wirkung ist Haltung ist Körpersprache

Kommunikation verstehen zu lernen bedeutet, die Wechselwirkung zwischen Körper und Geist zu erkennen und anzunehmen. Was wir denken und fühlen beeinflusst, wie wir uns ausdrücken – in Stimme, Mimik und Gestik.

Körpersprache lässt sich nur schwer manipulieren und wirkt oft mehr als das gesprochene Wort.

Was wir denken, wird in der Kommunikation von unserem Körper ausgedrückt – und zwar auf unverwechselbare Weise.

Welche „Haltung" man zu einer Sache oder Person einnimmt, bestimmt letztlich auch, wie man sich verhält. Zahlreiche Experten der Körpersprache haben analysiert, wie Körperhaltung die Beziehung zwischen zwei Gesprächspartnern ausdrücken kann. Einiges davon ist allgemein bekannt. Desinteresse oder Ablehnung werden zum Beispiel anhand von fehlendem Blickkontakt, abgewandter Körperhaltung und verschränkten Armen erkannt.

Leider sind solche Analysen sehr fehleranfällig, da sie immer in Zusammenhang mit einer bestimmten Situation bewertet werden müssen. Beispielsweise kann jemand, der an einem kühlen Abend mit einem Freund im Garten sitzt, durchaus die Arme verschränken, um sich zu wärmen, und den Blick von seinem Gegenüber abwenden, um sich darauf zu konzentrieren, ihm besser zuzuhören. In diesem Fall würde das Verhalten vermutlich nicht als abwertend empfunden.

Entscheidend für den Eindruck, den wir auf andere machen, ist eben nicht nur unsere Körperhaltung, sondern auch unsere innere Haltung zur Situation.

Vielen ist klar, dass die Einstellung den Ausdruck mit beeinflusst.

Weniger bewusst ist uns meistens, dass uns unser Körper helfen kann, unsere innere Haltung zu verändern – und zwar mit ein bisschen Übung sehr positiv und je nach Bedarf.

> **ÜBUNG/SELBSTREFLEXION:**
>
> Setzen Sie sich bequem auf die Couch. Lassen Sie alle Ihre Muskeln locker und entspannen Sie sich. Merken Sie, wie schnell Energie und Tatendrang nachlassen?
>
> Nun stehen Sie auf, lassen Sie die Schultern kreisen, laufen Sie einige Sekunden lang schnell am Stand, richten Sie sich auf und atmen Sie hörbar tief ein und aus. Sehen Sie, jetzt kann es losgehen – egal was.

Welcher Körpersprachetyp sind Sie?

Durch Gestik und Körpersprache drücken sich auch Persönlichkeit und Charakter aus. Obwohl Körperausdruck je nach Gemütslage, Situation und Gesellschaft variiert, lassen sich generell vier verschiedene Körpersprachetypen unterscheiden (vgl. Monika Matschnig: Körpersprache, GU, 2007):

Körpersprachetyp	Eigenschaften	Vorteile „+"	Nachteile „-"
Der/Die MacherIn (Der/Die Dominante)	Stolze, aufrechte Körperhaltung, Präsenz, eleganter Gang, wirkt tatkräftig und schwungvoll, kann sich gut in Szene setzen, sicheres Auftreten, gezielte, große Gesten, direkter Blick	Hohe Überzeugungskraft und Durchsetzungsvermögen, klarer Ausdruck	Wirkt oft einschüchternd oder unnahbar durch dominante Gesten und durchdringenden Blick
Der/Die Herzliche (Der/Die Initiative)	Lockeres Auftreten, hat bei Sympathie keine Angst vor Körperkontakt und Nähe, ausdrucksstarke Mimik, lebendige, einfühlsame Gestik und Körperhaltung (an den Gesprächspartner angepasst) offener Blick	Wirkt persönlich, kreativ, einladend und vertrauensvoll	Kommt anderen manchmal näher als gewünscht, kann oberflächlich wirken
Der/Die RealistIn (Der/Die Verlässliche)	Wirkungsvolles, ruhiges Auftreten, abwartende Körperhaltung, bedachte gezielte Gestik, zurückhaltende Gesichtsausdrücke, eher emotionsloser Blick	Vermittelt Stabilität und Kontinuität, volle Aufmerksamkeit als Zuhörer	Eher unauffällig, strahlt mäßige Risikobereitschaft aus
Der/Die VisionärIn (Der/Die AnalytikerIn)	Bewegungen je nach Gefühlslage sehr lebendig bis fahrig oder ruhig getragen, schneller Gang, Kopfhaltung selten ruhig, hält Distanz zu seinem Gegenüber, gelegentlich skeptische Blicke, will die Lage überblicken, strebt nach Perfektion auch in der Körpersprache	Strahlt Flexibilität, Voraussicht und Vielschichtigkeit aus	Wirkt mitunter sprunghaft, angespannt

Kapitel 1 › Wirkung ist Haltung ist Körpersprache

Welchem angeführten Körpersprachetyp würden Sie sich eher zuordnen? Finden Sie sich eindeutig in einer Typbeschreibung wieder oder sind Sie ein klarer „Mischtyp"? Jeder von uns vereint Anteile von mehreren Körpersprachetypen, die in unterschiedlichen Situationen unterschiedlich markant zum Ausdruck kommen.

Am Deutlichsten und Unverfälschtesten zeigen sich Schwerpunkte des persönlichen Körpersprachestils in Situationen, wo Sie sich entweder sehr sicher oder aber besonders angespannt fühlen. Wird man sich der verschiedenen Eigenschaften der einzelnen Körpersprachetypen bewusst, lernt man mit der Zeit, sein Gegenüber – aber auch die eigene Wirkung und Reaktion – besser einzuschätzen.

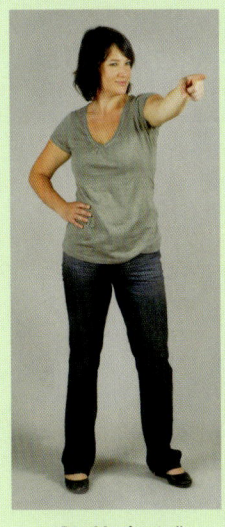

Beispiele für die 4 Körpersprachetypen:

„Die Macherin"

„Die Herzliche"

„Die Realistin"

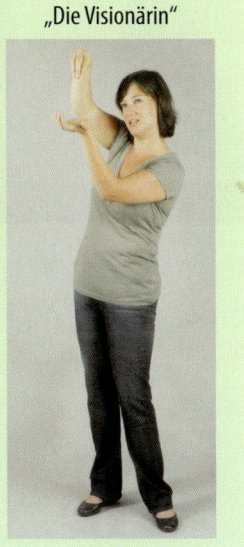

„Die Visionärin"

Wirkung ist Emotion ist Mimik

„Ich sah in ihr Gesicht und schon war mir alles klar." So oder so ähnlich lesen sich Sätze in Romanen auf der ganzen Welt. Ein Gesichtsausdruck verrät offenbar überall mehr als tausend Worte.

Das fand auch der amerikanische Psychologe und Anthropologe Paul Ekman heraus, der in jahrelangen empirischen Forschungen unter Völkern auf der ganzen Welt die Mimik von Menschen untersuchte. Seine Studien ergaben, dass es *sieben Grundemotionen* gibt, davon finden sechs im Kommunikationstraining besondere Beachtung, die tatsächlich kulturübergreifend universell ausgedrückt und verstanden werden:

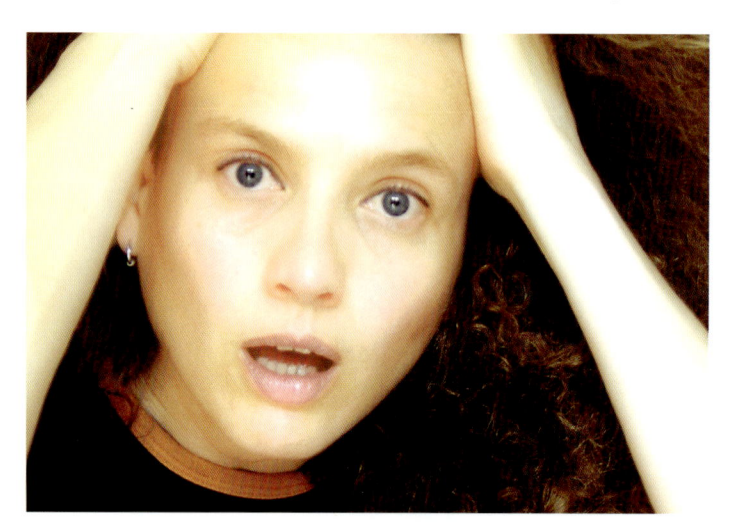

- Freude
- Angst
- Überraschung
- Wut
- Ekel
- Trauer
- Verachtung

(Siehe dazu unsere Bildsammlung auf der gegenüberliegenden Seite.)

Diese Gesichtsausdrücke, verbunden mit dem jeweiligen Gefühl, wirken also weltweit auf die gleiche Weise. Sie sind allen Menschen von Natur aus eigen und nicht kulturell erlernt. Die *sieben Grundemotionen* lassen sich durch ihnen eigene Kombinationen an Muskelkontraktionen im Gesicht identifizieren. So ist beispielsweise „Überraschung" dadurch gekennzeichnet, dass sich die Augenbrauen heben und sich der Mund spontan öffnet. (Versuchen Sie es einmal – wie fühlt sich Ihr „überraschter Gesichtsausdruck" an?)

43 Muskeln sind für unsere Mimik zuständig (siehe dazu Ute Eberele: Weltsprache der 43 Muskeln). Sie arbeiten gemeinsam an unserer Ausdrucksstärke, wenn wir es zulassen.

Kapitel 1 ❯ Wirkung ist Emotion ist Mimik

27

Seine Gefühle in der Mimik zu zeigen und so andere daran teilhaben zu lassen, ist heutzutage für uns zum Wagnis geworden, haben wir doch oft Angst, dafür belächelt oder verachtet zu werden. Selbstverständlich ist es nicht möglich, in jeder Situation Gefühle ungefiltert zu zeigen, doch ohne aktive Mimik ist keine lebendige Wirkung möglich.

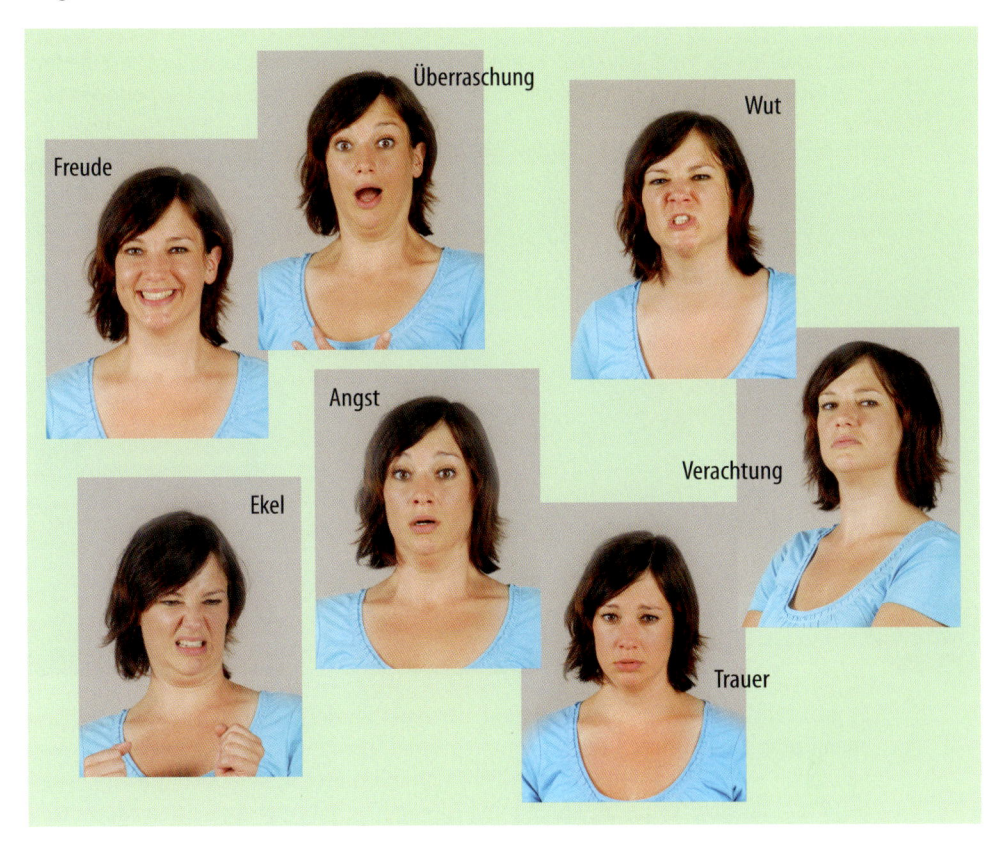

Freude Überraschung Wut

Angst Verachtung

Ekel Trauer

ÜBUNG:

Versuchen Sie bitte vor dem Spiegel die oben angeführten Grundemotionen durch Ihre Mimik auszudrücken. Erkennen Sie die zu erzeugende Emotion in Ihrem Spiegelbild? Ist es anstrengend, die Gesichtsmuskeln zu benutzen? Wie oft benutzen Sie eine lebhafte Mimik, um zu unterstützen, was Sie vermitteln wollen?

Wirkung ist Stimmung ist Stimme

Spielen Sie ein Instrument? Die Antwort ist: ja! Sie lassen jeden Tag Ihre Stimme erklingen. Vielleicht singen Sie nicht, aber die Stimme ist sicher Ihr bewusst am meisten eingesetztes Kommunikationsinstrument.

Jede Sprache hat ihren unverwechselbaren Klang. Genauso einzigartig ist unsere Stimme. Durch sie machen wir Gefühle hörbar. Durch sie drücken sich *Stimmungen* aus.

Es gibt zahllose Bücher, Seminare und Übungen zu den Themen Stimme und Sprechen (siehe Literaturliste). Auch wenn in diesem Buch nur kleine Teilbereiche davon behandelt werden können, lohnt es sich, sich mit dieser spannenden Materie eingehend zu befassen. Denn unsere Stimme ist eines unserer persönlichsten Markenzeichen.

Beinahe jeder ist entsetzt, wenn er erstmals seine eigene Stimme auf Band hört. Man erkennt sich selbst nicht wieder. Denn wir sind die einzigen, die unsere Stimme nicht nur über die Übertragung durch die Luft hören. Leider muss man also akzeptieren, dass man genau so, wie man sich auf Band hört, auch von anderen gehört wird.

Umso mehr ein Grund, sich mit der eigenen Stimme und ihrer Wirkung auseinanderzusetzen.

Die Suche nach der persönlichen Stimmlage, der sogenannten *Indifferenzlage*, ist gar nicht so schwer.

Mimik und Stimme hängen eng zusammen. Durch verschiedene Gesichtsausdrücke und deutliche Aussprache verändern sich die Resonanzräume im Kopfbereich. Dadurch verändert sich auch der Klang unserer Stimme. Man kann also beispielsweise ein Lächeln hören! Auch die Körperhaltung wirkt auf unsere Stimme, denn sie beeinflusst zum Beispiel unseren Atemfluss.

Besonders am Telefon sind wir auf Kraft und Ausdruck unserer Stimme angewiesen, da unser Kommunikationspartner keine Möglichkeit hat, sich einen optischen Eindruck von Körpersprache und Mimik zu machen. Wir müssen ihm also dabei helfen zu erkennen, worauf er besonders achten muss. Eine abwechslungsreiche Sprachmelodie, deutliche Aussprache und eine angenehme Stimmlage laden zum Zuhören ein und machen Kommunikation interessant.

ÜBUNG/SELBSTREFLEXION:

Wie würden Sie Ihre eigene Stimme beschreiben? Sanft, samtig, sonor, lieblich, kräftig, melodiös usw.?

- Indifferenzlage: Begeben Sie sich in eine für Sie entspannte Körperhaltung und summen Sie einfach drauflos. Anschließend sagen Sie ganz locker ein paar Mal „mhm" und „aha". Wenn Sie bei mehrmaliger Wiederholung von selbst den gleichen Ton treffen, haben Sie wahrscheinlich Ihre individuelle Stimmlage gefunden. Sind Sie überrascht?

- Lächeln hören: Schließen Sie bitte die Augen und zaubern Sie ein breites Lächeln auf Ihr Gesicht. Nun sagen Sie einen beliebigen Satz (der Inhalt ist egal) und hören Sie, wie Ihr Lächeln klingt. Wiederholen Sie denselben Satz mit bewusst entspannter Gesichtsmuskulatur. Welche Unterschiede hören Sie?

- Körper und Stimme: Stellen Sie sich aufrecht hin, atmen Sie ein und lassen Sie anschließend ein langes „Oooo" erklingen. Während es klingt, ziehen Sie das Kinn zur Brust und hören, wie sich der Ton verändert (er wird tiefer). Anschließend richten Sie sich noch während des klingenden „Oooos" wieder auf. Wiederholen Sie die Übung und legen Sie den Kopf dabei vorsichtig in den Nacken und nehmen Sie die Veränderung wahr. Sie sehen, wie eine aufrechte Kopfhaltung die Stimme beeinflusst.

KOMM UNIKAT ION
Sigrid Tschiedl | Roman Szeliga

> Inhalt, Mimik, Stimme, Gestik und Körpersprache wirken immer gleichzeitig auf- und miteinander!! Nutzen Sie **alle** Kommunikationsmittel, die Ihnen zur Verfügung stehen, um Ihre Botschaften zu transportieren!

Wirkung ist glaubhaft – wenn alles zusammenpasst!

Jeder Mensch wirkt also. Aber nicht jeder wirkt so, wie er möchte.

Sicher kennen Sie das selbst, wenn Ihnen jemand etwas vermitteln will, aber Sie das Gefühl haben, dass das, was er sagt, nicht zu seiner Stimme passt (zu dem, wie er es sagt) oder zu seinem Benehmen, sodass Sie es ihm nicht „abkaufen".

Was ist dafür entscheidend, dass wir anderen glauben?

In den 1970er Jahren veröffentlichte der amerikanische Psychologe Albert Mehrabian eine Studie zur Wirkung in der Kommunikation, auf die sich auch heute noch sehr viele Kommunikationstrainer berufen. Die Zahlen, die dabei präsentiert wurden, lauten: 7% des Gesprochenen werden vom Inhalt bestimmt, 38% von der Stimme und 55% von der Körpersprache.

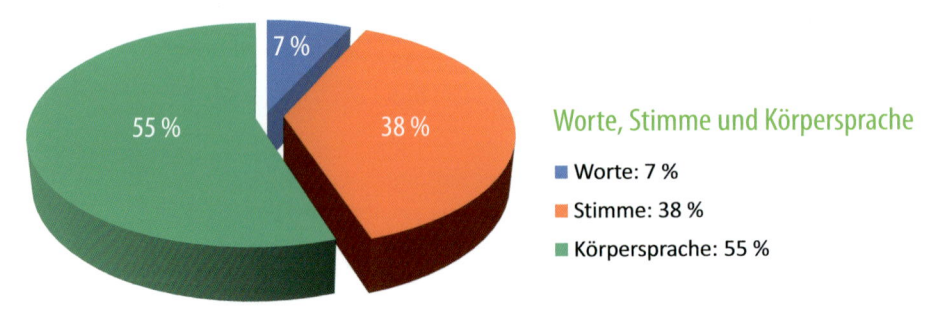

Worte, Stimme und Körpersprache
- Worte: 7 %
- Stimme: 38 %
- Körpersprache: 55 %

Bis heute werden diese Werte in Rhetoriktrainings als Zahlenschlüssel zur eigenen Wirkung präsentiert. Aber sind der Inhalt bzw. die tatsächlich gesprochenen Worte wirklich praktisch egal? Sind Körpersprache und Stimme so entscheidend?

Warum gelingt es uns aber trotzdem nicht, beispielsweise ausländische Filme ohne Untertitel anzusehen und bis auf ein paar 7%-ige Kleinigkeiten zu verstehen? Warum macht es einen Unterschied, ob Barack Obama sagt „Yes, we can!" oder „Yes, we must!"?

Warum wirken auf uns auch Menschen, die wir nicht sehen, z.B. am Telefon?

Was sollen uns diese Zahlen also vermitteln?

Vorweg die Erkenntnis: Inhalt ist sehr wohl wichtig! Es kommt aber darauf an, wie er vermittelt wird!

Betrachtet man den ursächlichen Zusammenhang, in dem Mehrabians Studie erstellt wurde, so entdeckt man Folgendes:

Über die Glaubwürdigkeit des Inhalts entscheiden nicht die Worte. Körpersprache und Stimme liefern dem Zuhörer/-seher die nötigen Informationen, die darüber entscheiden, ob er das Gesagte als wahr oder unwahr empfindet.

Getestet wurden beispielsweise Aussagen wie „Ich mag dich". Dabei wurde allerdings dem Empfänger der Nachricht nicht in die Augen gesehen. Der Körper war vom Gesprächspartner abgewandt, die Stimme konnte keine Sympathie vermitteln.

Mehrabian wollte also den Zusammenhang zwischen dem Inhalt des Gesagten und dessen Glaubwürdigkeit analysieren und kam zu folgendem Ergebnis:

Das Zusammenspiel von Körper und Stimme entscheidet darüber, ob ein Inhalt glaubhaft vermittelt werden kann. Anders betrachtet: Unser Körper und unsere Stimme verraten, ob wir selbst glauben, was wir sagen. Dabei muss man gar nicht immer lügen. Es reicht, wenn wir im entscheidenden Moment nicht davon überzeugt sind. Schon kommt es beim anderen nicht oder nicht so wie gewünscht an.

So verschaffen sich auch das Unterbewusstsein und versteckte innere Glaubenssätze über Stimme und Körper Ausdruck, ohne dass wir es bewusst bemerken. Der Kommunikationspartner erkennt schnell, ob alles zusammenpasst, also *kongruent* ist.

Zudem verstärken Körpersprache und Stimme die Wirkung des Inhalts. Es lohnt sich also in jedem Fall, sich mit diesen vernachlässigten Kommunikationsmitteln eingehend auseinanderzusetzen, um so die eigene Wirkung nach außen genauer kennenzulernen.

> Damit du es **anderen** glaubhaft vermitteln kannst, musst **du selbst** es zuerst glauben!
>
> Sigrid Tschiedl

Dazu ein **Beispiel** aus der „ZEIT" vom 16. September 2004:

1970 hielt Myron L. Fox vor versammelten Experten einen Vortrag, der den eindrucksvollen Titel „Die Anwendung der mathematischen Spieltheorie in der Ausbildung von Ärzten" trug. Den Teilnehmern des Weiterbildungsprogramms der University of Southern California School of Medicine wurde Fox als „Autorität auf dem Gebiet der Anwendung von Mathematik auf menschliches Verhalten" vorgestellt. Er beeindruckte die Zuhörer mit seinem gewandten Auftritt derart, dass keiner von ihnen merkte: Der Mann war Schauspieler und hatte keine Ahnung von Spieltheorie. Alles, was Fox getan hatte, war, aus einem Fachartikel über Spieltheorie einen Vortrag zu entwickeln, der ausschließlich aus unklarem Gerede, erfundenen Wörtern und widersprüchlichen Feststellungen bestand, die er mit viel Humor und sinnlosen Verweisen auf andere Arbeiten vortrug. Hinter dieser Täuschung standen John E. Ware, Donald H. Naftulin und Frank A. Donnelly, die mit dieser Demonstration eine Diskussion über den Inhalt des Weiterbildungsprogramms initiieren wollten. Das Experiment sollte die Frage beantworten: Ist es möglich, eine Gruppe von Experten mit einer brillanten Vortragstechnik so hinters Licht zu führen, dass sie den inhaltlichen Nonsens nicht bemerken? John Ware übte stundenlang mit dem Schauspieler: „Das Problem war, Fox davon abzuhalten, etwas Sinnvolles zu sagen." Fox war sich sicher, dass der Schwindel auffliegen würde. Doch das Publikum hing an seinen Lippen und begann nach dem einstündigen Vortrag fleißig Fragen zu stellen, die er so virtuos „nicht" beantwortete, dass niemand es merkte. Auf dem Beurteilungsbogen gaben alle zehn Zuhörer an, der Vortrag habe sie zum Denken angeregt, neun fanden zudem, Fox habe das Material gut geordnet, interessant vermittelt und ausreichend Beispiele eingebaut. Die Tatsache, dass der Stil eines Vortrags über seinen dürftigen Inhalt hinwegtäuschen kann, erhielt den Namen „Dr.-Fox-Effekt".

Um den Begriff „Kongruenz" (Deckungsgleichheit) besser zu verstehen, der uns im Laufe der folgenden Kapitel noch öfter begegnen wird, folgt hier eine kleine Übung dazu.

> ÜBUNG:
>
> Stellen Sie sich bitte vor den Spiegel, lassen Sie die Schultern hängen, senken Sie den Kopf ein wenig und machen Sie ein trauriges Gesicht. Nun sagen Sie: „Heute ist ein wunderschöner Tag!"
>
> Wie klingt dieser Satz in Ihren Ohren? Glauben Sie sich selbst, was Sie da sagen? Passt alles zusammen?
>
> Und nun richten Sie sich auf, heben den Kopf ein wenig, sehen sich mit einem freundlichen Lächeln in die Augen und sagen: „Ich mag dich!"
>
> Wie fühlt sich das an? Wir wirken Sie nun auf sich selbst?

Ich möchte an dieser Stelle betonen, dass es mir bei allen hier vorgestellten Themen nicht um Manipulation von anderen oder hinterlistige Strategien zur Erreichung des eigenen Vorteiles geht. Vielmehr möchte ich Ihnen dabei helfen, Ihre persönliche Wirkung zu hinterfragen, besser zu verstehen und Ihre individuellen Möglichkeiten zu erkennen, diese Wirkung positiv zu gestalten.

Kapitel 2

Vom positiven ersten zum intensiven zweiten Eindruck

Jeder möchte ihn gut machen und weiß, dass er enorm wichtig ist. Aber worauf kommt es eigentlich genau an, beim berühmten *ersten Eindruck*? Und was kommt danach? Genügt es wirklich, sich in den ersten Sekunden einer Begegnung gut in Szene zu setzen, oder kann man auch später noch Einfluss auf die Qualität eines Kontakts nehmen?

Dem ersten Blick gilt heute größere Bedeutung denn je. In einer Zeit, da Aufmerksamkeit zu einer raren Ressource geworden ist, ist es notwendig, sich schnell einen Überblick über eine Situation zu verschaffen. Man hat also oft nur eine Chance, zu sehen und gesehen zu werden.

Doch auch der zweite Blick hat jede Menge Beachtung verdient. Denn bei wem man einen positiven ersten Eindruck hinterlassen hat, der sieht ein zweites Mal genauer hin und möchte mehr wissen.

Die Teilschritte des *ersten Eindrucks* sind sehr gut erlern- und trainierbar, beim *zweiten* wirken emotionale und persönliche Prozesse, die wir uns zuerst bewusst machen müssen.

Doch welche Komponenten bilden zusammen „die ersten Eindrücke"? Wie kann man sie aktiv mitgestalten und so positiven Einfluss auf einen gelungenen Start in eine noch unbekannte Situation mit einem neuen Gesprächspartner nehmen?

Im Folgenden geht es darum, seine wichtigsten Chancen am Beginn eines Gespräches besser zu verstehen und selbstbestimmt zu ergreifen.

Der gelungene Start – Blickkontakt, Begrüßung, Begegnung

Zwischen 150 Millisekunden und 90 Sekunden liegen zwischen dem ersten Kontakt mit einem Menschen und der Entscheidung über Sympathie oder Ablehnung; ein verhältnismäßig kleiner Zeitraum, der über die Basis der Beziehung zwischen Gesprächspartnern entscheidet ("First Impressions: Making Up Your Mind After a 100-Ms Exposure to a Face", in: Psychological Science 17, Nr. 7, S. 592, Juli 2006 sowie Peter Borkenau, Anette Liebeler in Journal of Personality and Social Psychology, 1993, 65, Nr. 3, 546–553).

Der Moment, in dem uns jemand wahrnimmt, bildet den Startschuss für den *ersten Eindruck*.

Gehirn und Unterbewusstsein arbeiten dabei in Sekundenschnelle. Da werden Vergleiche mit anderen bekannten Gesichtern gezogen, Verbindungen mit eigenen Vorlieben und Bekanntem geknüpft und die Wirkung auf die eigene Persönlichkeit in Rekordgeschwindigkeit überprüft.

Voilà, schon fühlt man sich in Gegenwart eines anderen wohl oder unentspannt, genervt oder interessiert. Der erste Eindruck wirkt sehr nachhaltig und wird nur schwer revidiert. Denn wir geben unsere einmal getroffenen Entscheidungen und getätigten Einschätzungen nur ungern auf. Damit würden wir doch unsere eigene Menschenkenntnis in Frage stellen, von der die meisten Menschen der Ansicht sind, sie aufgrund von Alter und Erfahrung wie selbstverständlich zu besitzen.

> Für den ersten Eindruck gelten ganz klar drei Regeln:
> 1. Er ist einmalig – man kann ihn nicht auf die gleiche Weise wiederholen!
> 2. Er ist oberflächlich – das (Vor-)Urteil fällt ohne Hintergrundwissen.
> 3. Er wirkt nachhaltig – bildet die Basis für den weiteren Kontakt!

Sich mit den einzelnen Schritten auf dem Weg zum Eindruck auseinanderzusetzen, ist in jedem Fall sinnvoll, denn ...

Jeder Ausdruck bewirkt einen Eindruck!

Sigrid Tschiedl

Auf den ersten Blick – mit den Augen zum Kontakt

Bei einem direkten zwischenmenschlichen Kontakt wirkt in der Regel zunächst unsere visuelle Wahrnehmung. Wir erfassen unser Gegenüber mit einem Blick.

Wie betritt jemand den Raum, wie bewegt er/sie sich? Wie ist er/sie gekleidet? Was verraten Körpersprache und Gesicht? Wie muss ich die Situation und den Menschen einschätzen?

Blickkontakt signalisiert Offenheit und Interesse am anderen. Er bedeutet, sich jemandem aufmerksam zuzuwenden. Ein Blickkontakt zu Beginn eines Gespräches lenkt die Konzentration auf das folgende Thema.

Anhand des Blickkontaktes kann man erkennen, ob der andere schon bereit ist zuzuhören. Schenken Sie Ihrem Gegenüber dazu ein Lächeln, so ist der Grundstein für einen positiven Gesprächsverlauf gelegt.

Wie bei anderen allzu simplen Analysen von Signalen der Körpersprache, so bedeutet auch das Fehlen des Blickkontaktes nicht sofort Antipathie und Desinteresse. Auch hier zählt der Kontext. Manchmal signalisiert es Unaufmerksamkeit, manchmal besondere Konzentration oder Nachdenklichkeit. Am Beginn und Ende eines Gespräches ist Blickkontakt aber in jedem Fall ein Zeichen von Respekt und Wertschätzung dem Kommunikationspartner gegenüber.

Man sagt, die Augen sind der Spiegel der Seele. Nicht umsonst denkt man, anhand des Blickes eines Menschen erkennen zu können, ob er lügt oder die Wahrheit sagt. Durch einen intensiven Blickkontakt erlauben wir einen Blick auf unser Inneres, wir dürfen aber auch einen Blick auf die Persönlichkeit des Gegenübers werfen und uns selbst einen Eindruck machen. Blickkontakt bedeutet also sehen und gesehen werden (aktiv und passiv).

Nutzen Sie dieses besondere Mittel der Kommunikation! Weichen Sie insbesondere dem ersten und dem letzten Blick nicht aus! So wird aus einem Kontakt eine persönliche Begegnung.

Kapitel 2 ❯ Blickkontakt, Begrüßung, Begegnung

> **ÜBUNG:**
>
> Stellen Sie sich vor den Spiegel und überprüfen Sie Ihren Blick. Lassen Sie Ihre Augen sprechen. Wie signalisieren Sie Interesse, Aufmerksamkeit oder Wohlwollen?
>
> Was passiert, wenn Sie sich selbst tief in die Augen blicken, welche Intensität können Sie selbst spüren? Wie ausdrucksstark sind Ihre Augen?
>
> Tipp: In Kombination mit einem Lächeln wirkt ein Blick besonders einladend. Das Geheimnis dabei ist, dass an einem offenen, authentischen Lächeln immer die Augen beteiligt sind. Andernfalls wirkt es aufgesetzt. Probieren Sie es aus!

**Aufgesetztes Lächeln –
die Augen verraten es!**

**Authentisches Lächeln –
Mund und Augen strahlen gemeinsam!**

Auf den ersten Ton – mit der Stimme berühren

Die Redewendung „das erste Wort haben" existiert nicht, warum eigentlich? Als wäre es klar, wie der Beginn eines Gespräches zu verlaufen hat. Eine Grußformel, ein Kommentar zur Situation, sich selbst vorstellen und schon ist man mitten im Gespräch. Aber wer beginnt eigentlich? Was soll ich sagen, und wie kommt es richtig an?

- Wann geht's los? Wer fängt an und womit?

  Wenn ein Blickkontakt hergestellt ist und Sie sich der Aufmerksamkeit Ihres Gegenübers sicher sind, können Sie mit der Begrüßung loslegen. Ob „Guten Tag, Grüß Gott oder Hallo", legen Sie ein „herzlich willkommen, ich freue mich, dass wir uns treffen" in Ihre Stimme, dann klingt die Begrüßung freundlich und offen. Das dazu passende Lächeln ergibt sich wie von selbst! Wenn Sie nicht als Erster grüßen, ist das kein Problem, es gibt keine Gewinner oder Verlierer. Entscheidend ist, dass Sie nicht nur darauf warten, angesprochen zu werden, sondern auch selbst die Initiative ergreifen.

- Was klingt wie?

  Die Stimme ist eines unserer persönlichsten Markenzeichen. Durch sie werden sofort Rückschlüsse auf den Charakter gezogen. Sprechen Sie zu leise, klingen Sie schüchtern und unterwürfig, zu laut werden Sie möglicherweise als unsensibel und arrogant eingestuft. Die passende Lautstärke entsteht einerseits durch das Sprechen in der natürlichen *Indifferenzlage* (siehe Kapitel 1), andererseits durch die Einstellung zur Situation. Dabei kommt es in den meisten Fällen gar nicht auf die Lautstärke, sondern auf die Deutlichkeit an, mit der wir sprechen. Wer nuschelt, hat etwas zu verbergen und strahlt Unsicherheit aus. Durch klar artikulierte Aussprache wirken Sie kompetent und offen.

- Worauf kommt es an?

  Wertschätzung macht den Unterschied. Dabei kann auch die Wortwahl manchmal entscheidend sein.

  Jemanden mit Namen anzusprechen, ist ein Zeichen von Respekt und Aufmerksamkeit. So simpel es klingt, so selten tun wir es – leider. Studien haben ergeben, dass jeder Mensch gerne seinen eigenen Namen hört. Dadurch fühlen wir uns als Persönlichkeit wahrgenommen. Allerdings kann bei allzu häufiger Wiederholung des Namens der gegenteilige Effekt eintreten. Er klingt dann einstudiert und hohl und verliert dadurch die persönliche Bedeutung, die er anfänglich hatte.

ÜBUNG/SELBSTREFLEXION:

Die Stimme ist für die Übertragung von Emotionen und Informationen zuständig. Hier gilt in besonderem Maße das Prinzip der Kongruenz (Deckungsgleichheit, siehe Kapitel 1). Nur was zusammenpasst, wirkt „stimmig".

Anhand von „Respektsätzen" lässt sich diese Deckungsgleichheit von Stimme und Stimmung gut trainieren. So entsteht eine positive Einstellung unbekannten Situationen und Begegnungen gegenüber, die nach außen und innen wirkt.

Versuchen Sie, folgende Sätze überzeugend klar und deutlich auszusprechen, wobei Sie sich zuerst in die dazu passende Emotion versetzen:

„Ich möchte, dass du mich so wahrnimmst, wie ich mich selbst mag. Ich freue mich auf unseren Austausch/unsere Begegnung."

„Ich respektiere dich und was du zu sagen hast."

„Ich habe etwas zu sagen, zu dem ich stehe."

Wie überzeugend klingen Sie in Ihren eigenen Ohren? Welche Unterschiede nehmen Sie bei den verschiedenen Sätzen wahr? Welchen Eindruck haben Sie von sich selbst?

Auf den ersten Griff – Was der Händedruck verrät

Im mitteleuropäischen Kulturkreis gehört er zum Begrüßungsritual ebenso wie zur Besiegelung von Vereinbarungen oder der Verabschiedung – der Händedruck. Wer *Handschlagqualität* besitzt, gilt als zuverlässig und integer.

Tatsächlich schließen wir vom Händedruck auf den Charakter unseres Gegenübers. Unser Urteil ergibt sich aufgrund von Art und Festigkeit, Wärme der Berührung und Blickkontakt. So werden Frauen, die beherzt zugreifen, als aufgeschlossen, intellektuell und gesellig empfunden. Männer hingegen gelten als aufgeschlossener, wenn ihr Griff bestimmt, aber nicht zu kräftig ist.

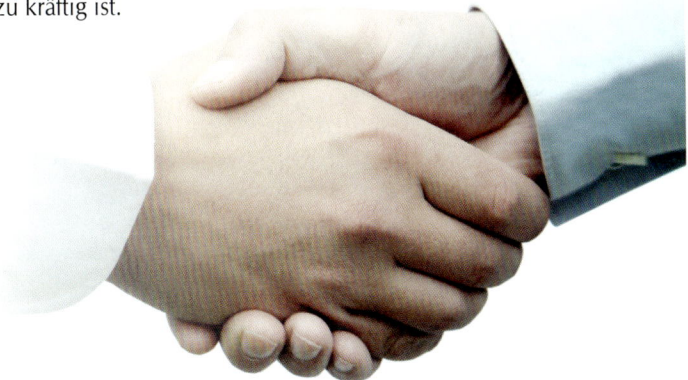

KOMM UNIKAT ION
Sigrid Tschiedl | Roman Szeliga

ÜBUNG:

Checken Sie mit einer Person Ihres Vertrauens Ihren eigenen Händedruck! Was sagt er über Sie aus? Wie würden Sie andere nach ihrem Händedruck beurteilen?

Versuchen Sie bitte auch andere Varianten des Händedrucks (sanfter, kräftiger, nur mit den Fingerspitzen etc.) und nehmen Sie Veränderungen Ihrer inneren und äußeren Haltung wahr.

Tipp: Sogar das Klopfen an eine Tür ist Teil des ersten Eindruckes. Zu zaghaft geklopft, und Sie werden nicht oder als unterwürfig wahrgenommen. Zu laut und unsensibel wirken Sie als Störenfried. Zwei- bis dreimal dynamisch bei mittlerer Lautstärke geklopft bedeutet: „Ich bin da und das ist gut so!" Warten Sie anschließend, bis Sie ein deutliches Signal von der anderen Seite der Tür bekommen, dass Sie willkommen sind.

Abstände und Umstände

Damit einen der erste Eindruck auch wirklich einander näher bringt, ist es wichtig, den richtigen Abstand vom Gesprächspartner und der Situation zu wahren. Wer sich zu schnell zu knapp nähert, überschreitet die Grenzen der natürlichen Distanzzone.

Halten Sie einen Respektsabstand ein! Eine Armlänge Abstand entspricht unserem natürlichen Distanzbedürfnis.

Auch die Positionen der Gesprächspartner spielen eine große Rolle. Sich gegenüber zu stehen, gleicht immer einer Konfrontation. Zwei Menschen nehmen zwei verschiedene Standpunkte ein. Das schafft Distanz (die mitunter sehr sinnvoll und notwendig ist).

Sich seitlich (in einem Winkel von ca. 45°) zu einer Person aufzustellen, verringert auf angenehme Weise die Distanz zwischen zwei Gesprächspartnern – man betrachtet dann die Dinge schon aus einer ähnlichen Perspektive.

Respektieren Sie die Distanzbedürfnisse Ihres Gegenübers und stellen Sie sich darauf ein.

Tipp: Wenn Ihnen jemand zu nahe kommt und Ihr Bedürfnis nach Abstand nicht zu respektieren scheint, stellen Sie bei der Begrüßung einen Fuß nach vorne, dann wird Ihr Gegenüber sich automatisch an Ihre Distanzvorgabe anpassen.

Nicht in jeder Situation lässt sich ein erster Eindruck nach Schema F abwickeln oder überhaupt bewusst beeinflussen. Manchmal ist man absolut auf die Situation vorbereitet, wird aber nicht oder spät vom anderen bemerkt, dann wieder ist es genau umgekehrt und man wird in einem Moment überrascht, in dem man nicht damit gerechnet hat, einen guten ersten Eindruck abliefern zu müssen.

Zu spät erkannt, zu früh geschaltet oder gänzlich unbewusst verpasst – erste Eindrücke passieren nicht immer nach Plan.

Die **schlechte Nachricht** ist: Das kann und wird Ihnen immer wieder passieren.

Die **guten Nachrichten** sind:

- Durch Übung und eine positive Einstellung sich selbst gegenüber erlangen Sie mit der Zeit ein positives, routiniertes Auftreten und eine angenehme, selbstbewusste Ausstrahlung, die Ihnen gelungene erste Eindrücke ermöglicht.
- Nach dem ersten Eindruck kommt der zweite und damit die nächste Chance, sich zu beweisen! Nur nicht den Mut verlieren!

Einige kleine Tipps können Ihnen dabei helfen, sich auf den entscheidenden Moment des gelungenen ersten Eindrucks einzustellen:

- Überprüfen Sie Ihre innere und äußere Haltung: Wie stehe ich zur Situation? Was will ich vermitteln?
- Planen Sie Ihren Auftritt: Überdenken Sie Ihr kommendes Vorgehen noch einmal Schritt für Schritt (Blickkontakt, Begrüßung, erste Sätze etc.).
- Geben Sie Ihrem Gesprächspartner Zeit, sich auf seinen ersten Eindruck von Ihnen einzustellen. Beobachten Sie, ob er empfangsbereit ist. Dann starten Sie los!

Keine Begegnung ohne Beziehung

Beim ersten Eindruck wirken wir zeitgleich mit allen uns zur Verfügung stehenden Ausdrucksmitteln – und wir teilen weit mehr mit, als wir sagen! Wir verraten mehr, als wir möchten. Das meiste davon unbewusst.

Bei jeder Begegnung zwischen Menschen entsteht Kommunikation und damit auch eine Beziehung. Von der Qualität dieser Beziehung hängt es ab, ob und wie der Inhalt von Aussagen transportiert wird. Speziell beim ersten Eindruck geht es in erster Linie um ein Gefühl, bevor es überhaupt zu einem Austausch von Informationen kommt.

Friedemann Schultz von Thun hat die Beziehungsaspekte von Nachrichten beleuchtet (siehe Kapitel 3). Daraus ist das sogenannte „Eisbergmodell der Kommunikation" entstanden (basierend auf der Eisbergtheorie von Sigmund Freud, nach der das Unbewusste 80% der Persönlichkeit ausmacht). Über dem Wasserspiegel, also sozusagen im vollen Bewusstsein, befindet sich die *Sachebene*. Hier geht es um Inhalte, wie z.B. Daten, Zahlen oder Fakten, also „*was*" vermittelt werden soll.

Das „*Wie*" findet sich auf der *Beziehungsebene* und macht den weitaus größeren Teil der Wirkung aus. Hier finden sich Botschaften über Stimmung, gegenseitige Akzeptanz, persönliche Emotionen etc.

Die Bedeutung und Wirkung der Beziehungsebene ist uns aber meistens nicht bewusst. Dieser Teil befindet sich sozusagen unter dem Wasser.

Das Modell verdeutlicht, dass in der Kommunikation die Beziehung zwischen den Gesprächspartnern wesentlich mehr Kraft und Bedeutung hat, als der Inhalt der Aussage.

Die genauen Anteile verteilen sich zu 20% auf die Sachebene und 80% auf die Beziehungsebene.

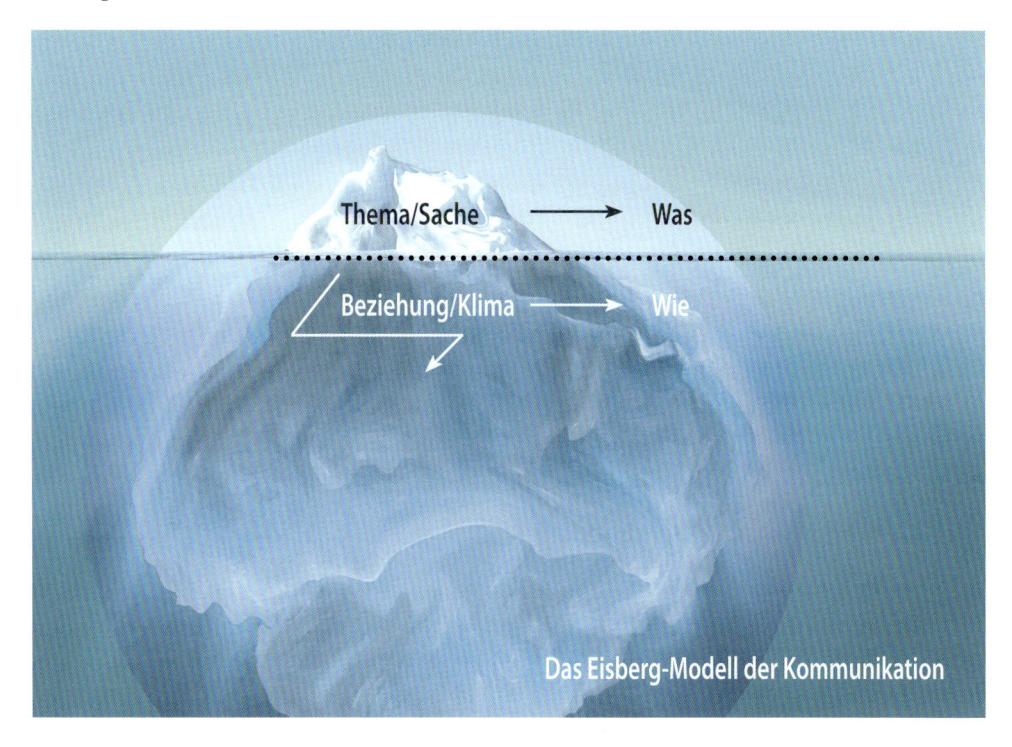

Das Eisberg-Modell der Kommunikation

- Thema/Sache → Was
- Beziehung/Klima → Wie

Das Eisbergmodell wird häufiger genutzt, als wir denken. Zum Beispiel in der Werbung. Beinahe jede bekannte Schokoladenmarke wirbt z.B. mit Emotionen wie Familienzusammengehörigkeit, Entspannung und Genuss (WIE). Was wissen wir aber eigentlich genau über Fakten wie Inhaltsstoffe oder die Herstellung von Schokolade (WAS)?

Aber nicht nur im Verkauf spielt die Beziehungsebene eine große Rolle. Sie dient auch dazu, wichtiges Vertrauen zwischen Menschen herzustellen, z.B. zwischen Arzt und Patient.

Die Beziehungsebene ist unmittelbar mit der eigenen Persönlichkeit verknüpft. Daten und Fakten lassen sich lernen, sie werden mit dem Kopf erarbeitet. Beziehung, Stimmung und Gefühle passieren im Bauch. Man muss sie *zulassen*. Auch hier zeigen sich sowohl die *aktive* als auch die *passive* Komponente der Wirkung!

Wer es wagt, sich mit dem „Wie" der *Beziehungsebene* auseinanderzusetzen, hat größere Chancen, das „Was" an den Mann bzw. die Frau zu bringen.

> **ÜBUNG/SELBSTREFLEXION:**
>
> Versuchen Sie bei Gelegenheit, Ihre Aussagen auf ihren emotionalen Gehalt hin zu überprüfen. Welche Gefühle kommuniziere ich meinem Gegenüber? Hilft die Stimmung, die ich vermittle, dabei, meine Sachthemen zu transportieren?

Bitte versuchen Sie, Kommunikation und Wirkung als ganzheitliches Konzept anzunehmen. Sowohl Kopf, Herz als auch Bauch sind gefragt, um *stimmig zu wirken*. Überzeugende Ausstrahlung bedeutet Balance von Denken (Vernunft), Wollen (Motivation) und Fühlen (Emotion)!

Sympathie – ein positives Vorurteil

Viele Redewendungen geben klare Hinweise auf die Wichtigkeit des ersten Eindrucks.

So hat „man sofort einen Draht zueinander", ist sich „auf Anhieb" sympathisch, der „Funke springt über" oder „die Chemie stimmt" einfach.

Hinter unseren ersten Urteilen über andere steckt oft unsere eigene Persönlichkeit. Unser Unterbewusstsein weist uns sofort auf Dinge hin, die wir an uns selbst mögen: Werte, die wir aus Erfahrung schätzen, oder Wünsche, die auf Erfüllung warten.

Unsere erste Meinung über einen Menschen ist immer ein Vorurteil. Erst bei näherem Kennenlernen können wir uns ein umfassenderes Bild über jemanden machen.

Sympathie ist daher eine vorgefasste positive Meinung.

ÜBUNG:

Benennen Sie drei Personen, die Ihnen besonders sympathisch sind. Nun versuchen Sie drei Eigenschaften oder Verhaltensweisen dieser Personen aufzuzählen, die Sie in direkten Zusammenhang mit dieser Sympathie bringen, z.B. angenehme Stimme, Humor, Auftreten etc.

Welche Eigenschaften halten Sie an sich selbst für besonders sympathisch?

Als besonders sympathisch werden zumeist folgende Eigenschaften empfunden:

- wertschätzende Ausstrahlung – Respekt,
- Witz und Humor (siehe Kapitel 5),
- Offenheit und Ehrlichkeit,
- positive Einstellung,
- „gesundes" Selbstbewusstsein,
- Charme (siehe Kapitel 4).

Besondere Begegnung – dauerhafte Kontakte

Nach dem positiven ersten Kontakt vertieft sich die Beziehung zwischen Menschen – oder auch nicht. Letztlich ist der erste Eindruck zwar die halbe Miete, aber eben nur die halbe!

Denn mehr als jede Sachlichkeit oder Taktik sind Gefühl und Wertschätzung ausschlaggebend dafür, dass wir andere positiv wahrnehmen.

Damit wir uns über einen guten ersten Eindruck hinaus miteinander verbunden fühlen, bedarf es also mehr als eines guten Starts von 150 Millisekunden. Hier spielen Persönlichkeit und Emotion die entscheidenden Rollen. Damit die Sympathie anhält und die Begegnung miteinander zum besonderen Erlebnis und lang anhaltenden Kontakt wird, sind mehrere Faktoren entscheidend (vgl. Ori und Rom Brafan: Click – magische Momente in persönlichen Begegnungen):

Nähe – Schritt für Schritt aufeinander zu

Beziehungen brauchen Nähe. Nicht umsonst heißt es, „aus den Augen, aus dem Sinn".

Wir sind täglich aufgefordert, unsere Ressourcen effizient und vernünftig einzusetzen. Schnell rücken wir aus Zeitmangel oder beruflichen Gründen auseinander und konzentrieren uns auf das scheinbar „Wesentliche". Dabei sind es oft die Nebensächlichkeiten, die den Weg mitbestimmen.

In Zeiten von E-Mail, Telefon und virtuellen sozialen Netzwerken erscheint es irrelevant, doch das Gesetz der räumlichen Nähe wirkt stärker, als wir denken. Zur gleichen Zeit am gleichen Ort zu sein, ermöglicht spontane Kommunikation auf allen Ebenen. Oft sind es kleine Begegnungen, die enormen Eindruck hinterlassen. Die zufällige Begegnung mit der Nachbarin in der Post oder das ungeplante Treffen mit der Kollegin am Kaffeeautomaten entfalten oft mehr Wirkung als geahnt. Damit sich Beziehungen aufbauen und Kontakte vertiefen können, bedarf es also sozialer Interaktion. Durch Nähe entsteht Nähe! Denn mit jedem Schritt, der uns direkter und unmittelbarer zu unserem Gesprächspartner bringt, haben wir auch die Möglichkeit, mehrere Kommunikationsmittel einzusetzen und so eine stärkere Verbindung zu schaffen.

Kontaktform	Direkte Wirkung durch Kommunikationsmittel	Nähefaktor
Persönliche Begegnung	Inhalt, Stimme, Mimik, Gestik, Körpersprache	hoch
Telefonat	Inhalt, Stimme	mittel
Schriftverkehr	Inhalt	gering

ÜBUNG/SELBSTREFLEXION:

Machen Sie sich bewusst, wie viel (oder wenig) direkten Kontakt Sie mit Menschen haben, die Ihnen wichtig sind. Versuchen Sie jene Kommunikationsmittel zu wählen, die Sie anderen näher bringen. Ziehen Sie zum Beispiel ein Treffen einem langen Telefonat vor oder wählen Sie ein persönliches Telefonat anstatt eines trockenen E-Mails (spart oft auch Zeit und beugt Missverständnissen vor).

Ähnlichkeit – sich im anderen wiedererkennen

Was wir gemeinsam haben, verbindet uns automatisch. Erkennen wir Parallelen und Ähnlichkeiten zu uns selbst, lassen wir andere eher an uns heran und bewerten sie positiver. Psychologen bezeichnen Menschen, mit denen wir Merkmale teilen, als *In-Group* (Wir-Gruppe). Eine In-Group kann z.B. die Familie sein, mit deren Mitgliedern wir Erbmaterial, äußerliche Ähnlichkeiten und eine gemeinsame Herkunftsgeschichte teilen. Aber auch zwei Fans eines Fußballclubs können eine In-Gruppe bilden. Menschen, die unsere Werte, Interessen oder selbst geschätzte Persönlichkeitsmerkmale widerspiegeln, finden wir also automatisch sympathisch. Aber nicht nur auf unsere Einstellung, auch auf unser Verhalten anderen gegenüber wirken sich Ähnlichkeiten aus. Wie sehr, das zeigt folgendes **Experiment**:

Ein Team von Psychologen der Santa Clara University untersuchte den Einfluss der Ähnlichkeit auf das Verhalten. Sie luden eine Gruppe von Frauen ein, an einer Studie über Kreativität teilzunehmen. (Wenn Sie ahnen, dass diese Studie nichts mit Kreativität zu tun hatte, dann liegen Sie richtig). Die Frauen hatten keine Kenntnisse davon, dass sie an einem Experiment über Ähnlichkeit teilnahmen. Die Forscher baten jede Frau, ein paar Eindollarnoten mitzubringen. Diese scheinbar seltsame Bitte sollte sich bald als wichtig herausstellen.

Als die Frauen ankamen, wurde jede von ihnen in einen separaten Raum geführt und gebeten, den Inhalt ihrer Handtasche auf den Tisch zu leeren. Das Ziel des Experimentes sei es, so wurde ihnen gesagt, unterschiedliche Nutzungsmöglichkeiten der persönlichen Gegenstände auf dem Tisch zu nennen. Die Frauen hatten fünf Minuten Zeit, eine möglichst lange Liste aufzustellen. Nachdem sie die Aufgabe ausgeführt und die Dinge wieder eingesteckt hatten, wurde ihnen für die Mitarbeit gedankt. Doch erst als sie das Gebäude verlassen hatten, begann das eigentliche Experiment. Draußen auf der Straße wurde jede der Frauen von einer Wissenschaftlerin angesprochen, die sich als Mitglied der Mukoviszidosegesellschaft vorstellte und Spenden sammelte. Die Teilnehmerinnen hatten, wie wir wissen, Eindollarnoten bei sich. Also verfügten sie über kleinere Bargeldbeträge. Und das Leeren ihrer Taschen hatte sie noch einmal daran erinnert. Und viele der Teilnehmerinnen gaben etwas Geld: Im Durchschnitt spendeten sie exakt einen Dollar.

Die Forscher wiederholten das Experiment – mit einem Unterschied. Wie schon zuvor wurden Frauen eingeladen, an einem Experiment über Kreativität teilzunehmen. Sie brachten Eindollarnoten mit, leerten die Taschen auf den Tisch. Und wie ihre Vorgängerinnen wurden sie von einer ehrenamtlichen Spendensammlerin angesprochen. Der Unterschied war, dass die Frau, die um eine Spende für Mukoviszidosepatienten bat, diesmal ein Namensschild mit dem Namen der Versuchsteilnehmerin trug. Wenn

Sally gerade das Gebäude verlassen hatte, hieß auch die Spendensammlerin Sally. Kate traf auf Kate usw. Der flüchtige Blick auf das Namensschild genügte offenbar, um die Spendensammlerin unbewusst als Mitglied einer In-Group einzuordnen. Die Folge: Diese Frauen verdoppelten den Betrag und spendeten im Durchschnitt 2,07 Dollar!

(Quelle: „Psychologie heute", Februar 2011)

Wenn wir also Ähnlichkeiten aneinander entdecken, erhöhen wir die Chancen darauf, uns besser zu verstehen. Besonders bei kulturellen oder gesellschaftlichen Unterschieden ist es daher wichtig, sich auf Gemeinsamkeiten, wie zum Beispiel Sport, Musik oder Humor zu konzentrieren. Diese Verbindungen bringen uns auf unkomplizierte, persönliche Weise einander näher.

> **ÜBUNG:**
>
> Versuchen Sie beim nächsten Gespräch mit einem noch unbekannten Kommunikationspartner auf Ähnlichkeiten zu achten und sprechen Sie sie an. Dadurch entwickelt sich nicht nur ein persönlicher Austausch, Sie bilden damit auch In-Groups auf einer positiven Vertrauensbasis.

Kapitel 2 › Besondere Begegnung – dauerhafte Kontakte

■ Umgebung – Erfahrungen teilen

Herausforderungen miteinander zu meistern, gemeinsam für oder gegen eine Sache zu kämpfen, schweißt zusammen. Wenn wir uns als Teil eines Teams empfinden, fördert das Gefühle wie Solidarität und Nähe. Lasten gemeinsam zu tragen und Schwierigkeiten zu meistern, bringt Menschen zusammen. Nicht umsonst bilden Geschwister eine gemeinsame Front gegen die Eltern, sobald es gemeinsam etwas zu er- oder bekämpfen gibt, auch wenn sie sich sonst streiten.

Gemeinsame Erlebnisse zu schaffen, bedeutet mehr als einen guten ersten Eindruck zu hinterlassen. Es verbindet langfristig.

ÜBUNG/SELBSTREFLEXION:

Auch kleine Erlebnisse können zu intensiven gemeinsamen Erfahrungen werden. Welche positiven, aber auch negativen Erinnerungen haben Sie an solche Erlebnisse? Welche Beziehung ergab sich dadurch zu Menschen? Z.B. Männer, die gemeinsam den Wehrdienst absolviert haben, oder Freundinnen, die gemeinsam Sommerlager erlebt haben.

Welche Erlebnisse haben Sie besonders mit einem anderen verbunden? Machen Sie sich bewusst, wie lange eine solche Verbindung anhalten kann, auch wenn das Erlebnis schon Jahre zurückliegt.

■ Verletzlichkeit – Offenheit bewirkt Vertrauen

Früh lernen wir, uns immer stark zu geben und nicht zu viel von uns preiszugeben. Verletzlichkeit zu zeigen bedeutet für die meisten Menschen, Schwäche einzugestehen. Wir befürchten dadurch, für andere angreifbarer zu werden. Tatsächlich ist das Gegenteil der Fall. Offenheit wirkt auf andere anziehend. Über Gedanken und Gefühle offen zu sprechen ist ein Risiko, das es sich einzugehen lohnt. Die meisten Menschen reagieren darauf ebenfalls mit Offenheit und dem Bekennen von

Verletzlichkeit. Wer aus der Deckung kommt und Schutzmechanismen aufgibt, schafft also die Voraussetzung für eine schnellere, persönlichere Verbindung.

Je bewusster wir auf der *Beziehungsebene* (siehe oben) kommunizieren, desto mehr können wir einander emotional näherkommen und vertrauen.

> **ÜBUNG/SELBSTREFLEXION:**
>
> Haben Sie schon einmal eine persönliche Schwachstelle konkret und offen angesprochen – anstatt zu versuchen, sie zu verbergen? Was ist passiert? Welche Reaktionen waren die Folge? Wie fühlten Sie sich davor und danach? Was kostet Sie mehr Energie – etwas Unangenehmes verbergen oder sich öffnen? Welche Gefühle sind damit jeweils verbunden?

■ Präsenz: Anziehung durch Zuwendung

Wenn wir uns vollständig auf eine Person oder Sache konzentrieren, sind wir ganz im Hier und Jetzt – also präsent. In der Kommunikation bedeutet Präsenz Aufmerksamkeit und Achtsamkeit dem anderen, aber auch sich selbst gegenüber, sich im Moment bewusst zu sein, was man aussendet und was man empfängt, sachlich und emotional. Es geht also um echtes Interesse und Zuwendung. Wer präsent ist, zeigt Anteilnahme, hört aktiv zu. Er bleibt dabei gleichzeitig mit seinem eigenen Selbst in Verbindung und achtet darauf, was mit ihm und seinem Gegenüber geschieht.

Präsenz bewirkt, dass Menschen sich einander öffnen und besondere Momente der Begegnung entstehen, die auf Vertrauen basieren.

Eine persönliche Begegnung:

Vor einigen Jahren arbeitete ich als Regieassistentin und Abendspielleiterin an einem Opernhaus. (Es standen oft große Produktionen mit zahlreichen Gastsängern auf dem Programm.) Eines frühen Abends, bevor ich meinen Dienst begann, saß ich in einem Kaffeehaus nahe der Oper und entspannte mich bei einem Kaffee und einer Zeitung. Da betrat eine der Sängerinnen das Café, die bei unserer aktuellen Produktion gastierte. Sie war eine international bekannte Künstlerin mit einer großartigen Stimme und vielen Fans, die vier Wochen an unserem Theater gearbeitet hatte. Wir hatten ein professionell kollegiales Verhältnis, kannten uns aber nicht näher. Sie fiel mir sofort auf, als sie den Raum betrat, und ich spürte, dass etwas nicht stimmte. Der verlorene, nachdenkliche Blick, die Körperhaltung zu sehr gestrafft, als müsste sie sich gezwungen aufrecht halten. Ziellos stand sie zwischen zwei Tischen und schien sich nicht so recht entscheiden zu können, wohin sie sich setzen sollte. Also stand ich auf und sah sie an. Sie bemerkte mich sofort und kam etwas zögerlich auf mich zu. Ich sagte einfach: „Möchten Sie sich zu mir setzen? Es ist doch netter zu zweit als allein, oder?" Damit hatte ich offensichtlich den emotionalen Kern der Sache getroffen. Die Sängerin setzte sich zu mir und begann ohne weitere Einleitung: „Ich bin so einsam. Keiner kann sich vorstellen, wie das möglich ist. Ich stehe auf der Bühne und bekomme Applaus von hunderten von Menschen, und wenn ich aus dem Bühnenausgang trete, ist da niemand. Ich habe immer nur an meine Karriere gedacht und darüber in meinem Leben so viel verpasst. Meine Freunde sind mir so fremd geworden. Sie haben sich weiterentwickelt, haben Familien und einen aktiven Freundeskreis. Ich lebe seit dreißig Jahren aus dem Koffer, von Stadt zu Stadt, von Affäre zu Affäre. Ich habe meine Chance auf eine eigene Familie vertan und mich ganz dem Theater verschrieben. Aber wenn der Vorhang fällt, bleibt mir nichts mehr. Dann bin ich ganz allein." Ich hörte ihr einfach zu. Es gab keine Tipps oder Ratschläge, die ich ihr geben konnte, und keine Kommentare, die ihr geholfen hätten. Ich konnte ihr nur meine Zeit und Aufmerksamkeit schenken.

„So ist mein Leben eben, und ich muss versuchen, es so zu nehmen, wie es ist und das Positive daran sehen", sagte sie schließlich. „Danke, dass du mich gesehen hast, ohne Maske, ohne Rolle, ohne Bühne, einfach als Mensch."

Ich habe die Sängerin nach dem Ende der Produktion nie wieder getroffen, und es hat sich auch nie wieder ein so persönliches Gespräch ergeben. Diese Begegnung hat aber viel in mir bewegt, vermutlich auch in ihr. Wir haben einander beide etwas gegeben und voneinander bekommen. Es war einer der seltenen Momente, an denen man gewisse Einstellungen und Schwerpunkte im Leben grundsätzlich hinterfragt. Das hat mir gezeigt, wie wichtig es ist, seine Mitmenschen aufmerksam wahrzunehmen. Denn persönliche Begegnungen ermöglichen Austausch und damit Weiterentwicklung.

Fazit

Der erste Eindruck ist sehr wichtig und darf nicht unterschätzt werden, aber er ist nicht alles. Was auf den ersten Eindruck folgt, ist keinesfalls weniger bedeutsam, sondern umso persönlicher. Auf dem Weg zur bewussten, wertschätzenden, persönlichen Kommunikation ist jeder Schritt entscheidend!

Kapitel 3

Mit allen Sinnen kommunizieren – vom Senden, Empfangen und Verstehen

KOMMUNIKATION
Sigrid Tschiedl | Roman Szeliga

Am Beginn jeder Kommunikation steht die „Wahrnehmung". Wir senden Signale aus und nehmen gleichzeitig welche über unsere Sinneskanäle auf. Schon innerhalb weniger Sekunden erreichen uns tausende verschiedenartige Informationen. Anschließend werden die empfangenen Reize verarbeitet. Wir suchen bewusst und unbewusst sofort die passenden Schubladen für die Botschaften, die uns erreichen, je nach Situation, Erfahrung und Persönlichkeit!

Es beginnt ein Prozess von Denken, Fühlen, Erinnern und Entscheiden. Was nehmen wir auf, was erreicht uns, was nicht oder nur schwer? Was kommt bei uns an? Und wie wird es schlussendlich verstanden?

Jeder von uns sieht, hört und empfindet auf unterschiedliche Art und Weise. Wie wir Dinge wahrnehmen und verstehen, ist eine sehr persönliche Angelegenheit.

Diese Wahrnehmungen, Botschaften und Interpretationen zu analysieren führt uns näher zum Verständnis für die persönlichen Prozesse in der Kommunikation.

Wer sich selbst gut versteht, kann sich anderen besser verständlich machen!

Sigrid Tschiedl

Der Reiz trifft auf den Sinn

Wie wir schon erfahren haben, entsteht *immer* Kommunikation, wenn Menschen einander wahrnehmen (siehe Kapitel 1). Die Signale, die jemand aussendet, nehmen wir mit unseren fünf Sinnen wahr, und zwar meistens in dieser Reihenfolge (siehe Tabelle):

System	Erkenntnistätigkeit	Sinnesorgan	
Visuell	sehen	Augen	Fernsinne
Auditiv	hören	Ohren	
Kinesthätisch	fühlen, Bewegungsempfindung	Propriorezeptoren	Nahsinne
Olfaktorisch	riechen	Nase	
Gustatorisch	schmecken	Zunge	

Je nachdem, wie nahe wir einander kommen, desto mehr Reize wirken gleichzeitig auf uns ein. Im *Neurolinguistischen Programmieren* (Abk. *NLP* – Beratungsmethode nach Bandler und Grindler) wird dem „VAKOG"-Modell eine besondere Bedeutung zugeschrieben. Es wird angenommen, dass der Mensch seine Wirklichkeit aus Sinnesreizen konstruiert und danach entscheidet und handelt.

> **Neurolinguistisches Programmieren** (kurz **NLP**) bezeichnet die Idee, dass der Mensch anhand von Reiz-Reaktions-Ketten funktioniert und diese neu gestaltet werden könnten. Geändert werden soll das eigene Verhalten durch Analyse des alten Verhaltens und „Programmieren" von neuen Reaktionen. Der Schwerpunkt des NLP liegt bei Kommunikationstechniken und Mustern zur Analyse der Wahrnehmung. Das Ziel ist eine *erfolgsorientierte Kommunikation*.
>
> Quelle Wikipedia: http://de.wikipedia.org/wiki/Neurolinguistische_Programmierung

Persönliche Anmerkung: Dem Ziel des NLP, nämlich der „erfolgsorientierten Kommunikation", die oft zu manipulativen Zwecken missbraucht wird, stehe ich persönlich kritisch gegenüber, da für mich wertschätzende, selbstbewusste und individuelle Kommunikation Antrieb und Zielvorgabe darstellen.

Dennoch sind sehr viele Methoden des NLP im Kommunikationstrainingsbereich positiv etabliert und nützlich, wenn sie dazu dienen, sich selbst und andere besser zu verstehen. Auf welche Weise die gewonnenen Kenntnisse eingesetzt werden, obliegt der Verantwortung des Anwenders.

Ihr persönlicher Sinn-Schwerpunkt

Unsere Persönlichkeit zeigt sich auch bei der Aufnahme von Reizen über unsere Sinnesorgane. Hier haben wir unterschiedliche Vorlieben.

Erinnerungen, Verhalten und Entscheidungen sind geprägt von einem bevorzugten Reizsystem. Man unterscheidet hauptsächlich zwischen Sehen, Hören und Fühlen (visuell, auditiv, kinestäthisch), wenn es um den Schwerpunkt bei Sinneswahrnehmungen geht.

> **ÜBUNG/SELBSTREFLEXION:**
>
> Welcher „Reiz-Typ" sind Sie? Überprüfen Sie auf der nächsten Seite Ihre Vorlieben, Gewohnheiten und Sprachmuster.

	JA	NEIN	TYP
Merken Sie sich am besten, was Sie einmal gesehen/gelesen haben?			visueller Typ
Sind optische Eindrücke für Sie sehr wichtig, um sich ein Urteil zu bilden?			
Wie sah Ihr Spiegelbild aus, als Sie es das letzte Mal sahen? Können Sie es beschreiben?			
Verwenden Sie häufig Sätze wie: Das schaut gut aus. Schauen wir einmal. Aus meiner Sicht ...			
Können Sie sich gut an Stimmen und Klänge erinnern?			akustischer Typ
Wie lautete der letzte Satz, den Sie zu jemandem gesagt haben? Wissen Sie es noch?			
Reagieren Sie besonders auf akustische Signale?			
Kommen in Ihrem Sprachgebrauch oft Sätze vor, wie: Das klingt gut! Das hört sich für mich so an ...			
Erinnern Sie sich als erstes daran, wie Sie sich in einer bestimmten Situation gefühlt haben?			kinesthätischer Typ
Treffen Sie Entscheidungen vorwiegend aus dem Bauch heraus?			
Müssen Sie etwas angreifen, selbst machen, ausprobieren, um es zu verstehen und sich zu merken?			
Verwenden Sie oft Sätze wie: Ich habe das Gefühl, dass ... Mein Gespür sagt mir ... Wie man es auch dreht und wendet ...			

Wo Sie vorwiegend mit „Ja" geantwortet haben, liegt Ihr Schwerpunkt in der Sinneswahrnehmung. Auch hier gilt, dass sich diese Schwerpunkte je nach Anlass und bewusster Konzentration verschieben oder weitgehend ausgeglichen vorhanden sein können. Alles liegt in uns und wartet darauf, bewusst und positiv genutzt zu werden.

Sinnschwerpunkte zeigen sich auch beim Lernen.

Begreifen und Erinnern hängen eng mit dem bevorzugten Repräsentationstyp zusammen. Welcher Typ sind Sie?

Erinnerungen haben Sinn

Sobald der Reiz bei uns eingelangt ist, wird er mit bestehenden Erinnerungen verglichen. Was wir bereits erfahren haben, ist in unserem Gedächtnis eng mit dem jeweiligen Sinn gekoppelt und gespeichert. Dieser beeinflusst stark unser Empfinden im Hier und Jetzt. Erinnerungen sind also „sinnlich" abgespeichert und machen Wahrnehmungen wieder *erlebbar*.

Der Geruchssinn ist übrigens entwicklungsgeschichtlich einer der ältesten und wird auch in unserer Erinnerung von allen Sinneseindrücken am längsten gespeichert. Nicht umsonst können wir uns an den Geruch von Omas Weihnachtskeksen oder einen Sommermorgen im Freien aus unserer Kindheit viele Jahre lang genau erinnern, obwohl er uns meist erst wieder bewusst wird, wenn wir einen ähnlichen Reiz als Erwachsene empfangen.

ÜBUNG:

Nehmen Sie sich ein wenig Zeit für die folgende Übung. Um sich besser zu konzentrieren und nicht von einströmenden aktuellen Eindrücken abgelenkt zu werden, ist es sinnvoll, sie in einem möglichst ruhigen Umfeld zu machen und dabei zwischendurch die Augen zu schließen.

Nehmen wir uns doch einmal jeden Sinneskanal einzeln vor. Sie werden spüren, wie sich Erinnerungen mit Sinnesempfindungen verbinden.

Versuchen Sie sich ein geistiges Bild von sich an einem schönen Sommertag auf einer Wiese vor Augen zu führen. Auf der Wiese befinden sich kleine weiße Blumen. Das Gras ist satt grün. Der Himmel ist strahlend blau. Ein Schmetterling fliegt vorbei.

Sie hören Vögel zwitschern und Bienen summen. Irgendwo in der Ferne wiehert ein Pferd.

Sie genießen die Sonne auf ihrer Haut. Sie sind barfuß und spüren das Gras zwischen Ihren Zehen. Sie fühlen sich leicht und frei.

Sie nehmen den Duft von frisch geschnittenem Gras wahr. Sie bemerken, dass Sie hungrig werden.

Sie denken an Ihr Lieblingsessen, seinen Geschmack, seine Konsistenz und lassen es sich auf der Zunge zergehen.

Bemerken Sie, wie unter Konzentration in Ihrer Erinnerung die Sinneswahrnehmungen wieder lebendig werden und sich zu einer Gesamtempfindung verbinden?

Wie sehr die Sinne zusammenhängen, wird deutlich, wenn wir zum Beispiel einen davon nicht zur Verfügung haben. Er wirkt trotzdem! Oder haben Sie sich noch nie vorgestellt, wie der Mensch am anderen Ende der Telefonleitung aussieht, obwohl Sie ihn/sie noch nie gesehen haben?

Es ist mir ein großes Anliegen, dass Sie für sich die angeführten Übungen erproben und erfahren. Denn ich bin der festen Überzeugung, dass nur durch das „Erleben" und „Erfühlen" Bewusstsein und Entwicklung möglich sind. Andernfalls bleiben die vorgestellten Inhalte nur „visuelle Reize" und damit für viele Leser lediglich mehr oder weniger interessante Theorie!

Sinn macht Gefühl

Alle Sinne erzeugen in ihrer weiteren Verarbeitung Gefühle, die dazu führen, dass wir Entscheidungen treffen. Je nachdem, ob am Ende unseres Entscheidungsprozesses ein gutes oder schlechtes Gefühl steht. Dieses Gefühl ist das Ergebnis eines Prozesses am Ende der Wahrnehmung und führt im zwischenmenschlichen Bereich entweder zu innerer Zustimmung oder Ablehnung, die sich in der weiteren Kommunikation widerspiegelt. Ob Sie innerlich „Ja" oder „Nein" zu einem Menschen sagen, bestimmt entscheidend den Verlauf der weiteren Kommunikation miteinander.

Hier zeigt sich besonders deutlich, wie stark Körpersprache (Optik) und Stimme (Akustik), aber auch zum Beispiel ein Händedruck (Kinesthätik) wirken, denn sie beeinflussen genau diese innere Bereitschaft zum Gespräch miteinander (siehe „erster Eindruck" Kapitel 2).

Tipp: Achten Sie darauf, welchem „Reiz-Typ" Ihr Gegenüber entspricht (je nach Auftreten, Sprachgebrauch, Erinnerungs- und Entscheidungsmerkmalen).

Sich darauf bewusst einzustellen hilft dabei, Menschen im Kontakt entgegenzukommen und so bereits am Beginn eines Gespräches auf einer Wellenlänge zu kommunizieren!

Eine kleine Geschichte zum Verständnis und zur Unterschiedlichkeit menschlicher Wahrnehmung:

Die Blinden und der Elefant

Der bedeutende griechische Schriftsteller Nikos Kazantzakis (1883–1957), der mit seinem Roman „Alexis Sorbas" Weltruhm erlangte, verfasste unter anderem auch die kleine Parabel von den Blinden und dem Elefant.

Fünf blinde Gelehrte wurden in alter Zeit von ihrem König ausgeschickt, um herauszufinden, was ein Elefant ist. Alle fünf wurden von Einheimischen zu einem ihrer Tiere geführt. Die Gelehrten standen nun um das Tier herum und versuchten sich durch Ertasten ein Bild von ihm zu machen.

Wieder zurück in der Heimat berichteten sie ihrem König. Der erste, der am Kopf des Tieres gestanden und dessen Rüssel ertastet hatte, gab an, dass ein Elefant ein langer Arm sei. Der zweite, der die Ohren ertastet hatte, sah im Elefant einen großen Fächer. Der dritte Gelehrte widersprach und sah im Elefanten eine Säule, da er ein Bein ertastet hatte. Der vierte hingegen wollte in dem Tier eine kleine Strippe mit Haaren am Ende erkannt haben, da er beim Schwanz des Tieres gestanden hatte. Der fünfte Gelehrte, der den Rumpf des Tieres abgetastet hatte, beschrieb den Elefant als riesige Masse mit Rundungen und Borsten darauf.

Der König bedankte sich und erklärte den Gelehrten, dass er nun wisse, was ein Elefant sei, nämlich ein Tier mit einem Rüssel, der so lang wie ein Arm ist, mit Ohren, die wie Fächer sind, mit säulenstarken Beinen, einem Schwanz mit Borsten und einem großen Körper.

Die Gelehrten erkannten beschämt, dass sie sich beim Ertasten des Tieres lediglich mit einem Teil zufriedengegeben hatten.

Wahrnehmung ist *persönliche* Wahrheit!

Wahrnehmung ist *immer* subjektiv!

Wahrheit ist *immer* subjektiv!

Sigrid Tschiedl

KOMMUNIKATION
Sigrid Tschiedl | Roman Szeliga

Der Reiz wird zur Botschaft

Reize werden von uns ausgesendet und empfangen – und das gleichzeitig!

Ob absichtlich oder unabsichtlich, in der Kommunikation sind wir immer beides, „Sender" und „Empfänger". Wir wirken auf jemanden und jemand bzw. etwas wirkt auf uns. So übermitteln wir einander Nachrichten.

Der *Reiz* verwandelt sich also in eine *Botschaft*.

Ein Sender möchte etwas mitteilen, und ein Empfänger soll die Botschaft aufnehmen und verstehen.

Der Empfänger fragt sich am Beginn des Verarbeitungsprozesses der Nachricht: Was will mir der/die andere mitteilen? Wie soll ich das verstehen?

An dieser Stelle beginnt die *Interpretation*! Denn wir können zuerst lediglich vermuten, was der andere uns vermitteln will. Manchmal scheint die Antwort klar und annehmbar, manchmal entstehen genau an diesem Punkt die Missverständnisse in der Kommunikation, die oft zu Unverständnis, negativen Emotionen oder Konflikten zwischen den Gesprächspartnern führen.

Wie eine Nachricht aufgebaut ist, wie sie ankommen und welchen Anteil wir selbst an ihrer Auswertung haben, sind Kernfragen der Kommunikation. Diese Themen näher zu behandeln, bringt Klarheit in Ausdruck und Wirkung.

> **ÜBUNG/SELBSTREFLEXION:**
>
> Kennen Sie eine Person, bei der Sie immer das Gefühl haben, dass sie beide aneinander vorbeireden? Kommt das, was Sie sagen möchten, nicht richtig an? Oder entstehen zwischen Ihnen häufig Missverständnisse?
>
> Mit wem fällt Ihnen im Gegenzug das Kommunizieren leicht? Bei welchem Gesprächspartner ist immer klar, was gemeint ist, ohne dass man groß darüber nachdenken muss?
>
> Finden Sie bitte zwei Personen, die diesen Angaben entsprechen und notieren Sie sich deren Namen. Am Ende des Kapitels werden wir darauf zurückkommen und Vergleiche ziehen.

„Was ich meine, wenn ich sage ..." – jede Nachricht hat *vier* Seiten

Wenn wir bewusst etwas zu sagen haben, dann meistens nicht nur durch Mimik und Körpersprache. Wir senden die Botschaften, die an jemand bestimmten adressiert sind, üblicherweise auch sprachlich, also *verbal*.

Nicht immer aber ist die Nachricht klar verständlich.

Dass in einem einfachen Satz mehr steckt als eine schlichte Information, hat schon Paul Watzlawick entdeckt (siehe Kapitel 1), der dazu ein Kommunikationsgesetz entwickelte. Dieses besagt, dass in jeder Mitteilung ein „Inhalts-" *und* ein „Beziehungsaspekt" zu finden sind. Anders gesagt, es geht immer *sowohl* um eine „Sachinformation" *als auch* um das „Zwischenmenschliche" (siehe Eisbergmodell Kapitel 2).

Friedemann Schultz von Thun hat dazu ein sehr aufschlussreiches Modell entwickelt. Er geht davon aus, dass sich jede Nachricht in vier Botschaften gliedert, die alle gleichzeitig wirken – und unterschiedlich!

Die verschiedenen Aspekte, die zwischenmenschliche Kommunikation ausmachen, sind:

- **Der Sachaspekt**: Welche objektiven Informationen stecken in der Nachricht (Daten, Zahlen, Fakten)?
- **Der Appell**: Was soll durch die Nachricht erreicht werden? Welche Aufforderung ist enthalten?
- **Der Beziehungsaspekt**: Was hält der Sender der Nachricht vom Empfänger? Welche Wertschätzung, Sympathie, Akzeptanz bringt er/sie ihm/ihr entgegen?
- **Der Selbstoffenbarungsaspekt (bzw. Selbstaussage)**: Was sagt der Sender über sich selbst, seine Gefühle, Werte und Persönlichkeit aus?

Beim *Vier-Seiten-Modell* handelt es sich um ein sogenanntes „Kommunikationsquadrat". Das bedeutet, dass jeder Aspekt gleich bedeutend ist.

Tatsächlich lassen sich **alle** Sätze von diesen vier Seiten beleuchten und nach den Kriterien Schultz von Thuns analysieren!

Ein Beispiel:

Sachinhalt
Die Uhrzeit – 11:55 Uhr

Beziehung
„Du bist unpünktlich/langsam!"

Appell
„Beeil dich!"

Selbstoffenbarung
„Ich bin gestresst/genervt/nervös."

Du, es ist schon 5 Minuten vor 12!

Kapitel 3 ❯ „Was ich meine, wenn ich sage ..."

Haben Sie beim hier genannten Beispiel sofort an andere „Lösungen" unter den Antwortsätzen gedacht? Ist der Appell ein anderer, z.B. „Lass gut sein, es ist sowieso zu spät!"? Hören Sie etwa eher „Verwunderung" oder gar „Erleichterung" aus der Selbstaussage heraus? Könnte im Beziehungsaspekt vielleicht mitschwingen: „Du hast sicher Verständnis dafür, dass ich weg muss!"

Denken Sie beim Satz „Du, es ist schon 5 Minuten vor 12!" an eine eher unentspannte Situation, in der jemand einen Termin wahrnehmen möchte, während der andere noch nicht bereit ist. Das wäre nicht ungewöhnlich. Eine solche Situation haben sicher viele von uns schon einmal erlebt und ähnlich in Erinnerung.

Ebenso könnte es sich aber um zwei Seminarteilnehmer handeln, von denen der eine den anderen darauf aufmerksam machen möchte, dass gleich die Mittagspause beginnt. Diese Situation wäre vermutlich mit wesentlich positiveren Botschaften besetzt, wie z.B. „Freuen wir uns auf das Mittagessen!" (Appell) oder „Ich war so konzentriert und gespannt, dass ich gar nicht gemerkt habe, wie schnell die Zeit vergangen ist." (Selbstaussage)

Wenn wir uns Sätze wie den oben genannten in bestimmten Situationen vorstellen, entsteht auch meistens ein Bild, ein Tonfall, eine Stimmung.

Dabei ist der Sachinhalt oft allgemein gültig und verhältnismäßig einfach zu erkennen, der Appell mitunter schon schwieriger und die emotionalen Botschaften können sehr unklar, situations- bzw. typabhängig und vielfältig auslegbar sein.

Dennoch bleibt das Prinzip gültig:

1 Nachricht hat immer 4 Aspekte und damit 4 Botschaften!

> **ÜBUNG:**
>
> Analysieren Sie bitte folgende Sätze nach dem Vier-Seiten-Modell (wie beim Beispiel oben):
> - Mann zu Frau: Veronika, die Fernbedienung ist weg.
> - Frau zu Mann: Das habe ich dir jetzt schon 5 x gesagt.
> - Freundin zu Freundin: Du hast dich überhaupt nicht verändert.
> - Frau zu Kind: Jetzt ist dein Zimmer immer noch nicht aufgeräumt.
> - Freund zu Freund: Das ist doch alles kein Problem!
> - Chef zu Mitarbeiter: Sie beantragen aber oft Urlaub.
>
> Die Analyse nach dem Vier-Seiten-Modell bedarf einiger Übung, aber sie macht bewusst, wie komplex Kommunikation ist. Lassen Sie sich nicht entmutigen, wenn es nicht beim ersten Mal klappt. Vielleicht „testen" Sie einen der Sätze an einer Vertrauensperson und finden heraus, was er/sie darunter versteht.

Als Sender stehen uns in der direkten zwischenmenschlichen Kommunikation neben dem Inhalt Stimme, Mimik, Gestik und Körpersprache zur Verfügung, um Nachrichten zu transportieren (siehe Kapitel 1).

Diese Kommunikationsmittel helfen uns dabei, möglichst klare Botschaften zu senden. Dennoch muss ich selbst vorher wissen, was ich eigentlich vermitteln möchte, und mich anschließend so eindeutig wie möglich ausdrücken.

Welchen Aspekt möchte ich betonen? Was möchte ich *eigentlich* sagen?

> **ÜBUNG:**
>
> Versuchen Sie bitte nun, die oben angeführten Beispielsätze möglichst eindeutig in der jeweiligen Botschaftsform zu vermitteln. Z.B. klare Aufforderung durch dazu passende Stimme und Gestik oder möglichst eindeutige Beziehungsaussage durch passende Mimik.
>
> Bemerken Sie, wie ein und derselbe Satz 4 x völlig unterschiedlich klingen kann? Ein klares Bewusstsein der Botschaft, die wir übermitteln möchten, bewirkt, dass sich auch unsere Transportmittel „Mimik, Stimme, Gestik und Körpersprache" an die Nachricht anpassen und den gewählten Aspekt unterstützen!

Kapitel 3 › „Was ich verstehe, wenn du sagst …"

Bewusstsein macht Wirkung!

„Was ich verstehe, wenn du sagst …" – jeder Empfänger hat *vier* Ohren

Wenn eine Nachricht ankommt, soll sie verstanden werden.

Es ist die Aufgabe des Empfängers, die Nachricht zu entschlüsseln, zu verarbeiten und darauf zu reagieren. Nachdem es nun mindestens vier verschiedene Botschaften gleichzeitig aufzunehmen und zu verarbeiten gilt, scheint diese Aufgabe sehr schwierig. Denn wenn es vier Möglichkeiten gibt, was gemeint sein kann, gibt es auch vier Möglichkeiten, wie es verstanden werden kann.

Denn was ankommt, trifft beim Empfänger gleichzeitig auf vier verschiedene Ohren; und er stellt sich in Sekundenbruchteilen folgende Fragen:

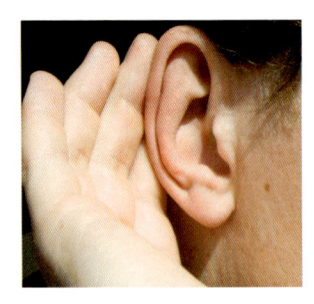

- **Sachohr**: Wie ist die Sachinformation zu verstehen?
- **Appellohr**: Was soll ich tun/fühlen/denken?
- **Beziehungsohr**: Wie sieht mich mein Gegenüber? Was hält er/sie von mir?
- **Selbstaussageohr**: Wie geht es ihm/ihr? Was ist das für eine/r?

Im oben genannten Beispiel – „Du, es ist schon 5 Minuten vor 12!" – könnte ein Empfänger also Folgendes verstehen bzw. so reagieren:

Sachohr
„Stimmt."

Beziehungsohr
„Du hast wohl Angst, dass du zu spät kommst."

Appellohr
Er/sie beeilt sich bzw. macht sich schnell fertig.

Selbstaussageohr
„Ich bin sonst immer pünktlich."

Du, es ist schon 5 Minuten vor 12!

Wie hätten Sie diese Nachricht verstanden? Wie hätten Sie reagiert?

Das Vier-Seiten-Modell zu kennen, kann uns nicht nur dabei helfen, die unterschiedlichen Botschaften einer Nachricht zu entschlüsseln, sondern auch dabei, die eigene Wahrnehmung zu hinterfragen.

Gehören Sie vielleicht zu den Menschen, die sich ständig aufgefordert fühlen, etwas zu unternehmen? Hören Sie in einem Gespräch zwischen den Zeilen heraus, wie es dem anderen geht? Oder bleibt der emotionale Zustand Ihres Kommunikationspartners bei Ihnen unbemerkt?

Wenn uns eine Information nicht sofort logisch erscheint, ergänzen wir sie nach unseren Erfahrungen und unserer inneren Einstellung zur Situation.

Je nachdem, welcher der vier Botschaften wir mehr „Gehör" schenken, reagieren wir.

Dass diese Reaktion nicht immer dem entspricht, was der Sender mit seiner Nachricht beabsichtigt hatte, erscheint logisch.

Denn wenn es vier verschiedene Botschaften gibt, die ich schwerpunktmäßig senden kann, und vier Botschaften, die ich empfangen kann, dann stehen die Chancen nicht unbedingt gut, dass wir uns eindeutig verstehen. Das Missverständnispotential ist also sehr hoch!

Nicht jede Nachricht erreicht ihren Empfänger.

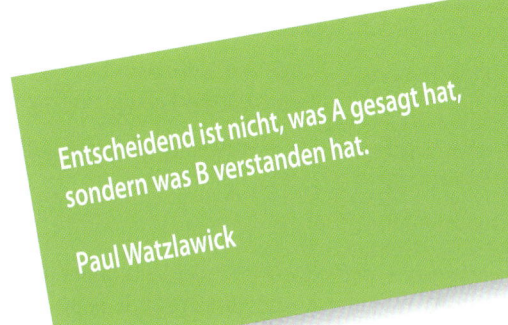

> Entscheidend ist nicht, was A gesagt hat, sondern was B verstanden hat.
>
> Paul Watzlawick

Die Botschaft bestimmt der Empfänger!

Tatsächlich hat der Empfänger mehr „Macht" als der Sender. Denn es ist an ihm, die Nachricht zu verstehen und darauf zu reagieren. Dazu gehört die Bereitschaft zum Zuhören, sich auf den Kommunikationspartner einzulassen, es ist aber auch eine Frage des persönlichen *Verständnisstils*.

Für den Sender mag das anfänglich vielleicht etwas entmutigend klingen, es bedeutet aber nicht, dass er keinen Einfluss auf die Botschaft hat. Denn je bewusster man eine Nachricht übermittelt, desto größer ist die Wahrscheinlichkeit, dass sie so ankommt, wie sie beabsichtigt ist.

Manchmal redet man einfach aneinander vorbei, solche Situationen kennen Sie wahrscheinlich selbst. Dass es oft daran liegt, dass der Sender unklare Botschaften vermittelt oder der Empfänger das falsche „Ohr" aufsperrt, wird durch das Vier-Seiten-Modell klarer verständlich.

KOMMUNIKATION
Sigrid Tschiedl | Roman Szeliga

Wenn nun zwei Menschen auf unterschiedlichen Wellenlängen kommunizieren, dann könnte sich folgendes Gespräch ergeben:

Frau zu *Mann*: Ich glaube, mir wird momentan alles zu viel! Der Job, die Ausbildung, Haushalt, Kinder ... ich weiß nicht, ob ich das alles schaffe!

Mann zur *Frau*: Dann müssen wir eben alles besser einteilen. Ich kann öfter früher nach Hause kommen, die Ausbildung verschiebst du einfach ein bisschen, ab und zu müssen wir uns eben eine Putzfrau leisten ...

Frau zu *Mann*: Nein, ich will das schon alles machen, aber im Moment fehlt mir irgendwie die Energie, verstehst du?

Mann zu *Frau*: Du musst genug schlafen und essen, das gibt Kraft!

Frau zu *Mann*: Die Kinder leiden halt auch darunter, wenn ich keine Zeit für sie habe.

Mann zu *Frau*: Na, die Kinder sind ohnehin den halben Tag in der Schule, und die Ausbildung musst du ja auch nicht unbedingt machen.

Frau zu *Mann*: Es ist halt alles so viel auf einmal.

Mann zur *Frau*: Das sind doch wirklich keine Probleme, die sich nicht lösen lassen!

Frau zu *Mann*: Du willst mich einfach nicht verstehen, oder?

usw.

So – oder so ähnlich – laufen täglich Gespräche zwischen Menschen ab, die auf unterschiedlichen Kanälen senden bzw. empfangen. Während die Frau auf der Beziehungsebene kommuniziert und über ihre Gefühle spricht, bleibt der Mann auf der Sachebene, hört Appelle und sucht nach Lösungen. So reden beide aneinander vorbei.

Nicht umsonst gibt es die Redewendung: „Auf dem Ohr bist du wohl taub!"

> **ÜBUNG/SELBSTREFLEXION:**
>
> Finden Sie ein Beispiel aus Ihrer Erfahrung für ein derartiges „Missverständnis" in der Kommunikation und versuchen Sie herauszufinden, auf welcher Nachrichtenseite Sie schwerpunktmäßig kommuniziert haben und auf welchem Ohr Sie vermutlich verstanden wurden.

Tipp: Bis zum 7. Lebensjahr besitzen Kinder kein „Selbstaussageohr"! Sie beziehen daher alle unklaren emotionalen Botschaften direkt auf sich. Sie hören also nur „Was denkt er/sie über mich?" bzw. „Wie sehen mich die anderen?". Bitte achten Sie darauf, dass Sie bei der Kommunikation mit kleinen Kindern klare, möglichst positive Botschaften auf der Beziehungsseite senden.

Ein „Kommunikations-*Gehör*test"

Aufgrund unserer Persönlichkeit und erlernter Muster haben wir auf allen Gebieten der Kommunikation unseren eigenen Stil und Schwerpunkt.

Im Fall des Vier-Ohren-Modells stellt sich die Frage:

Welches Ihrer Ohren ist besonders stark ausgeprägt? Wie nehmen Sie Nachrichten vorwiegend auf?

Im folgenden Selbsteinschätzungstest finden Sie zwölf Situationen und dazu jeweils vier Antwortmöglichkeiten. Fühlen Sie sich kurz in die Situation ein, und kreuzen Sie bitte anschließend diejenige Antwort an, die Ihnen am ehesten entspricht. Je spontaner und ehrlicher, desto besser. Wählen Sie die Reaktion, die Ihnen für sich selbst am Wahrscheinlichsten erscheint. Es gibt kein „Richtig" oder „Falsch".

Situation 1:

Ihre Mutter kommt Sie überraschend in Ihrer Wohnung besuchen. Sie sieht sich kurz um und meint dann: „Die Fenster sind aber auch schon länger nicht geputzt worden."

a. Sie fühlen sich kritisiert und genervt.
b. Sie überlegen, wann das letzte Mal die Fenster geputzt wurden.
c. Sie denken, dass Ihrer Mutter ein ordentlicher Haushalt sehr wichtig ist.
d. Sie planen, wann Sie die Fenster putzen werden.

Situation 2:

Sie sind auf einem großen Fest eingeladen. Eine etwa gleichaltrige und Ihnen unbekannte Person des anderen Geschlechts fragt Sie: „Weißt du, wo hier die Bar ist?"

a. Sie suchen mit ihm/ihr gemeinsam die Bar und schlagen vor, gemeinsam etwas zu trinken.
b. Sie haben dass Gefühl, dass er/sie mit Ihnen ins Gespräch kommen und vielleicht sogar flirten will.
c. Sie glauben, dass er/sie wahrscheinlich allein unterwegs ist und sich hier nicht auskennt.
d. Sie erklären ihm/ihr, wo die Bar ist.

Kapitel 3 › Ein „Kommunikations-Gehörtest"

Situation 3:

Sie gehen durch die Fußgängerzone und treffen dort einen alten Bekannten, den Sie vor zwei Jahren bei einer Gruppenreise kennengelernt haben. Er grüßt Sie nicht.

a. Sie denken, dass er Sie wohl nicht wirklich bemerkt hat.

b. Sie finden es verständlich, dass man einander nach zwei Jahren nicht mehr wiedererkennt.

c. Sie finden es unfreundlich, dass er Sie ignoriert.

d. Sie vermuten, dass er gerade nicht angesprochen werden möchte.

Situation 4:

Sie sitzen in einem Lokal. Ein Mann kommt herein. Er wirkt ziemlich gehetzt und fragt etwas barsch: „Haben Sie mein Handy gesehen?"

Ihre erste Reaktion ist:

a. „Wenn ich etwas gefunden hätte, hätte ich es sofort beim Lokalbesitzer abgegeben."

b. „Nein, tut mir leid, soll ich Ihnen suchen helfen?"

c. „Nein, leider, mir ist nichts aufgefallen."

d. „Ohne sein Handy ist man heutzutage wirklich nur ein halber Mensch, nicht?"

Situation 5:

Sie müssen ein dringendes Projekt erledigen und machen deshalb an einem Freitag Abend Überstunden. Ein Kollege, der dafür bekannt ist, öfter lange zu arbeiten, kommt an Ihrem Arbeitsplatz vorbei und meint leicht ironisch:

„Schau an, dass du um diese Uhrzeit auch noch hier bist."

- **a.** Sie antworten: „Stimmt, es ist schon ziemlich spät."
- **b.** Sie entgegnen: „Du armer Kerl musst ja auch noch arbeiten!"
- **c.** Sie bleiben extra länger als Ihr Kollege, damit er merkt, wie fleißig Sie sind.
- **d.** Sie ärgern sich darüber, dass der Kollege Sie offenbar generell für faul hält.

Situation 6:

Sie haben eine Bekannte zum Kaffee zu sich eingeladen und tischen mit viel Liebe Kaffee und Kuchen auf. Plötzlich bemerkt Ihre Bekannte leicht angeekelt:

„Igitt, die Milch ist sauer." Ihre Reaktion ist:

- **a.** „Wirklich? Zeig mal her!"
- **b.** „Warte, ich hol' sofort frische Milch. Nimm doch inzwischen die Sahne, die ist garantiert gut!"
- **c.** „Das ist mir aber sehr unangenehm. Ich bin wirklich ein/e schlechter Gastgeber/in!"
- **d.** „Oje, das ist ja ekelhaft! Hast du etwa schon davon gekostet?"

Situation 7:

Ihr Vorgesetzter ruft Sie an Ihrem Arbeitsplatz an und meint ungeduldig:

„Wo treiben Sie sich denn immer herum? Jetzt habe ich schon 3 x versucht, Sie zu erreichen."

- **a.** Sie versuchen, schnell das Anliegen des Vorgesetzten herauszufinden und die Situation zu entschärfen.
- **b.** Sie fühlen sich gemaßregelt und ungerecht behandelt.
- **c.** Sie erklären gelassen, warum Sie nicht erreichbar waren, und fragen anschließend neutral, worum es geht.
- **d.** Sie wissen, dass Ihr Vorgesetzter sehr unter Stress steht und verstehen seinen Ärger.

Kapitel 3 › Ein „Kommunikations-Gehörtest"

Situation 8:

Sie treffen einen alten Bekannten nach vier Jahren wieder. Sie unterhalten sich locker und freundschaftlich. Während des Gespräches fällt von seiner Seite plötzlich unbedarft der Satz: „Du hast aber auch ein paar Kilo zugelegt, seit wir uns das letzte Mal gesehen haben, was?"

a. Sie antworten verständnisvoll: „Ja, da geht es uns wohl ähnlich, geteiltes Leid ist halbes Leid!"

b. Sie meinen ernst: „Stimmt, schon allein meiner Gesundheit wegen sollte ich wirklich dringend ein paar Kilo abspecken."

c. Sie erwidern etwas verstimmt: „Du bist immer noch genauso charmant wie früher."

d. Sie stimmen unbeeindruckt zu: „Wie die Jahre und Kilos sich ansammeln, was?!"

Situation 9:

Sie stehen an einem Informationsschalter in einer langen Schlange. Als Sie endlich dran sind, stellen Sie rasch und leicht ungeduldig Ihre Frage. Die Dame hinter dem Schalter mein betont gelassen: „Moment, Moment! Alles mit der Ruhe!"

a. Sie denken sich, dass die Dame viele verschiedene Anfragen zu bearbeiten hat und sich erst auf Sie und Ihre Frage einstellen will.

b. Sie stimmen der Dame darin zu, dass in der „Ruhe die Kraft liegt".

c. Sie wiederholen Ihre Frage langsam und ruhig.

d. Sie sind genervt, dass die Dame Ihnen gegenüber nicht höflicher und engagierter reagiert.

Situation 10:

Sie kommen etwas früher als gewohnt nach Hause. Ihr Partner öffnet Ihnen irritiert die Tür und meint:

„Was machst du denn hier?"

Er/sie will damit sagen,

- **a.** dass Sie wieder gehen sollen.
- **b.** dass er/sie überrascht ist, Sie zu sehen.
- **c.** dass er/sie nicht wusste, dass Sie kommen.
- **d.** dass Sie nicht erwünscht sind.

Situation 11:

Eine Kollegin, zu der Sie ein eher gespanntes Verhältnis haben, kommt morgens in den gemeinsamen Aufenthaltsraum und sagt:

„Das ist ja wie in einer Kühlkammer hier drinnen!"

- **a.** Sie denken sich, sie soll doch einfach wieder gehen, wenn ihr etwas nicht passt.
- **b.** Sie sollen scheinbar die Heizung höher drehen.
- **c.** Sie glauben, dass Ihrer Kollegin generell eher leicht friert.
- **d.** Sie überprüfen die Temperatur am Thermostat und stellen fest, dass es wirklich kühl ist.

Situation 12:

Sie planen mit Herrn P., einem älteren Kollegen, ein Überraschungsgeburtstagsfest für einen anderen Kollegen. Nach Ihren ersten drei Vorschlägen sagt er:

„So kann man das doch nicht machen! Da ist ja gar kein Plan dahinter."

- **a.** Sie erklären Ihrem Kollegen noch einmal genau, in welche Schritte sich ihre Vorschläge aufgliedern.
- **b.** Es stört Sie, dass Herr P. Ihre Vorschläge so abfällig kommentiert.
- **c.** Sie versuchen, Ihre Vorschläge an die Vorstellungen von Herrn P. anzupassen.
- **d.** Sie vermuten, dass Ihr Kollege eine andere Vorgangsweise gewöhnt ist und versuchen zu verstehen, was genau ihn stört.

Kapitel 3 › Ein „Kommunikations-Gehörtest"

Auswertung:

Bitte kreuzen Sie in der folgenden Übersicht Ihre Antworten an. Anschließend bilden Sie die Summe aus der Anzahl der Kreuze in jeder Reihe:

Situation													Kommunikationsebene	Anzahl
1	2	3	4	5	6	7	8	9	10	11	12	---	---
b	d	b	c	a	a	c	d	b	c	d	a	Sachohr	
a	b	c	a	d	c	b	c	d	d	a	b	Beziehungsohr	
d	a	d	b	c	b	a	b	c	a	b	c	Appellohr	
c	c	a	d	b	d	d	a	a	b	c	d	Selbstaussageohr	

Tragen Sie nun die Ergebnisse als Balkendiagramm in die unten stehende Tabelle ein.

So entsteht ein Überblick, der Ihnen zeigt, wie ausgeprägt jedes Ihrer vier „Ohren" ist.

Sie sehen, auf welcher Seite Ihr Kommunikationsschwerpunkt liegt und auf welchen Ebenen Sie sich noch weiterentwickeln können.

> **ÜBUNG/SELBSTREFLEXION:**
>
> Wie ist es Ihnen bei diesem Test ergangen? Hatten Sie das Gefühl, dass oftmals mehrere Antworten für Sie möglich sind? Überrascht Sie das Ergebnis? Hören alle Ihre vier Ohren ausgeglichen oder ist eines davon besonders ausgeprägt? Vielleicht besprechen Sie mit einem/r vertrauten Person das Ergebnis und finden so heraus, ob andere Sie ebenso einschätzen.

Jedes Ohr hat seine Qualitäten

Keine Sorge! Egal, was Ihr Test ergeben hat, es gibt kein gutes und kein schlechtes „Ohr".

Das Ergebnis zeigt lediglich an, ob Ihre Ohren ausgeglichen „aktiv" werden. Jedes hat seine speziellen Stärken und Schwächen.

Viele Menschen haben ein sehr ausgeprägtes Sachohr, weil wir schon früh lernen, uns nicht nur auf den Inhalt einer Aussage zu konzentrieren. Anderen fällt es wiederum leicht, Aufforderungen wahrzunehmen, sie haben ein großes Appellohr. Doch die „Gefühlsohren" sind ebenso wichtig! Erst durch Selbstaussage und Beziehungsaspekt wird Kommunikation „zwischen-*menschlich*".

Die unterschiedlichen Qualitäten der Ohren finden Sie hier im Überblick (vgl. Thomas Schmidt „Kommunikationstrainings erfolgreich leiten"):

	+	**−**
Sachohr	■ neutral, ■ objektiv, ■ sachlich, ■ unempfindlich, ■ ergebnisorientiert	■ unpersönlich, ■ gefühllos, ■ hört keine „Zwischentöne"

Kapitel 3 › Jedes Ohr hat seine Qualitäten

	+	**−**
Appellohr	■ hilfsbereit, ■ lösungsorientiert, ■ zuvorkommend	■ achtet wenig auf eigene Bedürfnisse, ■ lässt sich ausnutzen
Beziehungsohr	■ feinfühlig, ■ sensibel, ■ liest zwischen den Zeilen, ■ menschlich	■ leicht verärgert oder gekränkt, ■ verletzlich, ■ nimmt sich alles zu Herzen
Selbstaussageohr	■ verständnisvoll, ■ einfühlsam, ■ empathisch	■ keine Selbstreflexion, ■ Probleme werden auf den anderen verlagert

Zwischen den Ohren wechseln, Nachrichten verstehen

Wir werden schon früh belehrt, nichts „persönlich zu nehmen". Dabei wird Ihnen sicher spätestens jetzt klar sein, dass das nicht möglich ist. Es sind immer alle vier Ohren angesprochen, und es ist notwendig, sie bei Bedarf auch alle gleichermaßen empfangsbereit zu wissen.

Mit ein bisschen Übung wird es möglich, in verschiedenen Situationen zwischen den Ohren bewusst zu wählen und zu wechseln.

Dennoch ist nicht immer klar, was der Sender meint und der Empfänger verstehen soll.

Was uns bleibt, um einander besser zu verstehen, sind Bewusstsein und Nachfragen.

Wiederholen Sie mit Ihren eigenen Worten, wie Sie das Gehörte aufgefasst haben, und lassen Sie sich so Ihre Wahrnehmung bestätigen!

Hilfereiche Fragesätze dazu sind z.B.:

- Willst du damit sagen, dass ...?
- Meinst du damit ...?
- Habe ich dich richtig verstanden, wenn ...?

Wahrnehmung ist immer persönlich!
Kommunikation ist immer persönlich!

ÜBUNG:

Bitte denken Sie an die zwei Personen, die Sie sich am Beginn der Erklärung zur Nachrichtenanalyse notiert haben. Wie schätzen Sie diese Personen nun aus neu gewonnener „Kommunikationsperspektive" ein? Können Sie nun besser verstehen, auf welchen Kanälen diese Menschen vorwiegend senden und empfangen und wie Ihr persönlicher Kommunikationsstil dazu passt?

Ich hoffe, Sie haben nach der Lektüre dieses Kapitels wieder neue Seiten an sich entdeckt, und Lust darauf, das eine oder andere *selbst-bewusst* umzusetzen!

Kapitel 3 › Zwischen den Ohren wechseln, Nachrichten verstehen

Der Weg zu einer verbesserten Kommunikation:

Einander bewusst wahrnehmen!
Einander zuhören!
Miteinander sprechen!

Einander ...

... wahrnehmen

... zuhören

... miteinander sprechen!

KOMMUNIKATION
Sigrid Tschiedl | Roman Szeliga

Kapitel 4

Persönlichkeit verbindet – die Charmeoffensive

Kennen Sie das? Sie treffen einen Menschen, der Ihnen sofort sympathisch ist, unverwechselbar, angenehm, zuvorkommend, witzig – einfach charmant!

Österreich gilt als Land, in dem Charme zur Kultur gehört. Peter Alexander, Heinz Conrads, Romy Schneider, Chris Lohner und viele andere haben es uns vorgemacht. Aber nicht nur in der Unterhaltungsbranche ist Ausstrahlung gefragt.

Umfragen unter Personalchefs ergaben, dass neben der beruflichen Ausbildung menschliche Qualitäten, zu denen Charme gehört, eine immer bedeutendere Rolle spielen. Charme ist somit auch ein Erfolgsfaktor. Die gute Nachricht: Charme ist nicht nur angeboren, sondern auch erlernbar.

Was macht Charme aus?

Kapitel 4 › Was macht Charme aus?

Wer „Charisma" (griech. „Gnadengabe") hat, besitzt Ausstrahlung und damit ein „bezauberndes, gewinnendes Wesen".

Auf der Suche nach einer Definition von Charme findet sich im Duden Folgendes:

> Der Ausdruck Charme (aus dem Französischen) bzw. Scharm lässt sich durch die Charaktereigenschaften Anmut, Liebreiz, Anziehungskrft und Zauber umschreiben. Doch im Ganzen drückt der Begriff mehr aus als die Summe dieser Annäherungsbegriffe.
>
> Das Wort „Charme" geht auf das lateinische „Carmen" (Gesang, Lied, Gedicht, Zauberspruch, Zauberformel) zurück und wurde im 18. Jahrhundert aus dem Französischen entlehnt.
>
> Es stammt also aus der Zeit des höfischen Zeremoniells, der galanten Umgangsformen, der Verfeinerung des Lebensstils. Als charmant galten damals Gesten und Worte, die eine emotionale Note ins Miteinander einfließen ließen. Dass der kleine Wolferl, nachdem er in Schönbrunn vor versammelter Hofstatt musiziert hatte, der Kaiserin Maria Theresia auf den Schoß gesprungen ist und ihr ein Busserl gab, darf durchaus als charmant bezeichnet werden. Die Sitte, einer Dame, wenn auch nur angedeutet, die Hand zu küssen, zeigt, dass diese Tradition im Alltag der Österreicher bis heute verankert ist.
>
> Quelle:
> http://www.calsky.com/lexikon/de/txt/c/ch/charme.php

So weit, so definiert. Charme beschreibt also einen reizvollen, positiven Eindruck, den eine Person oder Sache auf jemanden macht.

Aber wodurch genau kommt dieser Eindruck zustande?

Folgende Komponenten bilden zusammen „Charisma":	
Persönlichkeit	Individualität und Charakter
Einfühlungsvermögen und Aufmerksamkeit	Empathie schafft Verbindung und Verständnis
Stimmige Kommunikation in Mimik, Gestik und Sprache	Ausdruck auf allen Ebenen – innere und äußere Haltung im Einklang
Der Situation angepasstes Benehmen, Flexibilität	Wahrnehmen von Umständen, Bedürfnissen und Möglichkeiten
Angenehme Stimme und sicheres Auftreten	Innere Ruhe wirkt auf Stimme und Haltung
Authentizität	Echtheit und Ehrlichkeit sind unschlagbar

Persönlichkeit/Individualität

Wo liegen Ihre charmanten Talente? Können Sie andere zum Lachen bringen? Sind Sie mitreißend? Haben Sie immer eine anregende Anekdote auf Lager?

Die Eigenschaften, die wir an uns selbst schätzen, mögen auch meist andere an uns. Besonders jene Charakteristika, die spielerisch wirken, können dazu beitragen, Situationen angenehm zu gestalten. Kreativität, Humor, Gemütlichkeit, Gesprächsfreude sind Faktoren, die im Miteinander große Bedeutung haben. Aber auch Zuverlässigkeit, Integrität oder Ehrlichkeit bewirken, dass man sich in Ihrer Nähe wohl fühlt – immer vorausgesetzt, Sie vermitteln anderen diese guten Eigenschaften.

Nur wer anderen seine Persönlichkeit zeigt, sozusagen einen kleinen Blick hinter die Fassade zulässt, wirkt *persönlich* und dadurch unverwechselbar.

Dabei sind es nicht immer nur die offensichtlichen charakterlichen Sonnenseiten, die charmant wirken. Es gibt auch herben Charme, wie ihn beispielsweise Hans Moser

Kapitel 4 › Persönlichkeit/Individualität

besaß. Entscheidend ist, dass man den guten Kern unter der vielleicht mitunter rauen Schale erkennen kann.

ÜBUNG/SELBSTREFLEXION:

Erstellen Sie eine Top-Liste über Ihre eigenen charmanten Eigenschaften. Wann haben Sie Ihre wichtigsten drei Talente das letzte Mal genutzt, um eine angenehme Stimmung zu schaffen?

Beispiele für charmante Eigenschaften (Zutreffendes bitte ankreuzen):

Ich kann
- ❏ aufmerksam sein
- ❏ gut zuhören
- ❏ andere zum Lachen/Lächeln bringen
- ❏ anderen gut Komplimente machen
- ❏ gut Anekdoten erzählen
- ❏ ....
- ❏ ....

Ich bin
- ❏ höflich
- ❏ freundlich
- ❏ tolerant
- ❏ witzig
- ❏ einfühlsam
- ❏ zuvorkommend
- ❏ herzlich
- ❏ verlässlich
- ❏ weltoffen
- ❏ ....
- ❏ ....

> Charme ist jener Teil der Persönlichkeit, von dem man gar nicht wusste, dass man ihn besitzt.

Einfühlungsvermögen und Aufmerksamkeit

Sich anderen wirklich aufmerksam zuzuwenden, ist eines der großen Geheimnisse des Charmes. Nur wer sich wirklich für seine Mitmenschen interessiert, kann erkennen, was andere brauchen und darauf eingehen.

Die Basis dazu bieten schlicht gutes Benehmen und Freundlichkeit. Natürlich muss man kein Knigge-Experte sein, um anderen wertschätzende Aufmerksamkeit entgegenzubringen. Auch wenn sie heutzutage etwas veraltet erscheinen, die Regeln für ein harmonisches Zusammenleben gelten noch – im Prinzip! Aber nicht mehr jede Dame möchte beim Anziehen ihres Mantels unterstützt werden. Und es ist schon lange nicht mehr nur Männern vorbehalten, anderen die Türe aufzuhalten.

Es ist aber entscheidend, einen solchen Wunsch zu erkennen, wenn er signalisiert wird, und darauf flexibel reagieren zu können. In einer Zeit, die geprägt ist von gesellschaftlicher Veränderung und Individualität, sind wir gefordert, uns zu entwickeln – von der guten alten (unpersönlichen) Höflichkeit zur guten neuen (individuellen) Aufmerksamkeit.

Freiherr Adolph Knigge

Nur wer seine Umwelt bewusst wahrnimmt, kann *zuvorkommend*, also dem Bedürfnis einen Schritt voraus sein.

Versuchen Sie, Zeichen zu erkennen und sich in andere hineinzuversetzen. Es macht sie nicht nur offener und toleranter, sondern auch kommunikativer und flexibler im Umgang mit anderen. Wenn Sie sich nicht sicher sind, ob Sie ein Bedürfnis richtig erkannt haben, fragen Sie nach! Oft geht es hier nicht um großartige, nachhaltige Lösungen für schwerwiegende Probleme, sondern um das Schaffen von kleinen Verbindungen durch Verständnis.

So entstehen wesentlich mehr Situationen, in denen Sie positiv und angenehm wahrgenommen werden.

> **ÜBUNG:**
>
> Beobachten Sie Menschen in Ihrer Umgebung. Erkennen Sie anhand von Körpersprache, Blicken und Benehmen, was jemand vorhat oder wo er/sie Hilfe benötigt? Versuchen Sie, darauf aktiv zu reagieren. Bieten Sie, wenn möglich, Hilfe und Lösungen an, und sehen Sie, was passiert.
>
> Beispiel: Jemand sieht sich suchend um. Er/Sie braucht vielleicht Orientierungshilfe.

Selbstbewusstsein/sicheres Auftreten

Sehr häufig begegne ich der Befürchtung, dass Selbstbewusstsein als Arroganz wahrgenommen werden könnte. Schon der Begriff sicheres Auftreten wird häufig mit Überheblichkeit und Unbescheidenheit gleichgesetzt. Viele meiner Kursteilnehmer bevorzugen, sich bescheiden im Hintergrund zu halten, und klagen gleichzeitig über mangelnden Erfolg, da niemand ihre Vorzüge bemerkt.

Wenn es um Charme geht, bedeutet sicheres Auftreten, keine Angst davor zu haben, Menschen zu begegnen. Es bedeutet, sich selbst und seiner eigenen Wirkung bewusst zu sein, und das beginnt, wie so oft, bei Körpersprache und Stimme.

Selbstbewusstsein bedeutet auch, dass man sich selbst mag.

Der Weg zum persönlichen Charisma führt über den Spaß am eigenen Auftreten.

Es gehört eine Menge Mut und Selbstsicherheit dazu, Teile der eigenen Persönlichkeit öffentlich zu zeigen. Doch ich weiß, dass es sich lohnt. Würde man jene Energie, die man dazu verwendet, sich und seine Fehler, aber auch seine Stärken zu verstecken und zu verschleiern, in die bewusste Selbstpräsentation stecken, gäbe es nicht

> Charme ist, in einem Menschen das Gefühl zu erwecken, dass er so wundervoll sei wie du.
>
> Selbstbewusstsein bedeutet, dass man über sich selbst lachen kann.

nur sehr viel weniger schlechte Schauspieler, sondern auch sehr viel mehr authentische Begegnungen – geschäftlich wie privat.

Sich selbst etwas zurückzunehmen und den anderen Raum zur Entfaltung geben, widerspricht sicherem Auftreten keineswegs – im Gegenteil.

Wer die Größe hat, andere strahlen zu lassen, der wird selbst am hellsten strahlen.

Eine kleine **Anekdote** dazu:

Im Zuge meiner Vortragstätigkeit über „die Charmeoffensive" hatte ich eine Präsentation vor ca. 250 Personen in Deutschland. Das Publikum zeigte sich grundsätzlich dem Thema gegenüber interessiert, schien aber nicht so recht zu wissen, wie es mich und den praktischen Nutzen der Veranstaltung einschätzen sollte. So referierte ich eifrig über Lächeln und Komplimente, bekam aber wenig Resonanz vom Publikum. Ich glaubte, einige skeptische Blicke zu erkennen, wurde nervöser und in meinen Ausführungen immer schneller und konfuser, bis ich über folgenden Satz stolperte:

„Selbstverständlich muss man sehr aufmerksam und auch vorsichtig sein im Charme-Bereich." Leider hatte ich den Begriff etwas undeutlich und akustisch ziemlich „r-los" ausgesprochen, daher hörte es sich eher an wie „Vorsicht im Schambereich". Bitte wiederholen Sie nun den eben gelesenen Satz im Geiste! Nun ja ...

Sofort hatte ich die ungeteilte, wenngleich unfreiwillige Aufmerksamkeit des Publikums. Es folgte eine kurze gespannte Pause.

Gemeinsam haben wir dann die folgenden Minuten über mich und meinen komischen Ausspruch gelacht. Dieser kleine Fehler lockerte die Stimmung immens auf. Ich konnte später mit dem Satz „Jetzt haben wir ein anderes Thema angeschnitten, aber ich denke inhaltlich war der Satz auf jeden Fall richtig." wieder zu meiner eigentlichen Präsentation zurückkehren. Den Rest des Abends bekam ich nicht nur die volle Aufmerksamkeit des Publikums, sondern auch jede Menge positives Feedback zu meinem „angewandten Charme".

Fazit: Lachen, auch oder gerade über sich selbst, baut Druck ab, bewirkt Aufmerksamkeit, zeigt Persönlichkeit und hebt die Laune aller Beteiligten.

> **ÜBUNG/SELBSTREFLEXION:**
>
> In welcher Situation mussten Sie das letzte Mal über sich selbst lachen?
>
> In welcher Umgebung fühlen Sie sich sicher und können ganz Sie selbst sein?
>
> Versuchen Sie, sich diese Begebenheiten und Situationen bewusst zu machen, um sie in schwierigen Situationen abrufen zu können. Was Sie einmal gekonnt haben, können Sie auch wieder! Positive Bilder von Erlebtem und Dinge, die wir erreicht haben, griffbereit zu haben, bietet uns Sicherheit bei Nervosität.

Mehr zum sicheren Auftreten, Nervosität und Lampenfieber findet sich in Kapitel 6 „Bühne frei für mich".

Stimmige Kommunikation in Mimik, Gestik und Sprache

Dazu möchte ich gerne auf die vorangegangenen Kapitel verweisen. Unser Körper ist unser Instrument. Durch ihn drücken wir aus, was wir anderen mitteilen wollen. Nur wer „stimmig" wirkt, kann „Stimmung" erzeugen.

Unsere innere Haltung drückt sich über Körpersprache, Mimik, Gestik und Stimme aus. Dabei gibt es verschiedene Möglichkeiten, um innere Einstellung und äußere Darstellung in Einklang zu bringen. Von der inneren Überzeugung zur effektiven Körpersprache oder von der bewussten Körperhaltung zur inneren Motivation – man kann sich von beiden Richtungen einen überzeugenden Ausdruck erarbeiten. Die wechselweise Wirkung von Haltung und Stimmung wird sich immer ergeben. Wenn die positive innere Einstellung zu einer Situation nicht gelingen will, versuchen Sie es über Ihre Körpersprache und umgekehrt. Mit ein bisschen Übung wird es Ihnen schon bald gelingen, beides in Einklang zu bringen und so überzeugend zu wirken.

> **ÜBUNG/SELBSTREFLEXION:**
>
> Beobachten Sie sich, Ihre Körpersprache, Mimik und Stimme, wenn Sie folgende Sätze mehrfach laut aussprechen:
>
> - Ich schaffe das!
> - Ich bin einfach zu blöd dazu!
> - Mir ist so langweilig!
> - Ich möchte das unbedingt wissen!
> - Ich war noch nie so glücklich wie jetzt!
>
> Bemerken Sie, wie sich diese Worte in Körper und Stimme umsetzen? Welche Gefühle entwickeln sich in Ihnen?

Der Situation angepasstes Benehmen/Flexibilität

Selbstverständlich kann man nicht in jeder Situation sein Innenleben vor anderen ausbreiten. Manchmal ist Sachlichkeit angebracht. Besonders im Beruf sind die Grenzen zwischen den Kommunikationsfeldern fließend. Eine Prise Charme kann dennoch nicht schaden. Immerhin ist man – in welcher Rolle man sich auch immer befindet – doch immer auch man selbst, also persönlich. Hierzu möchte ich einige Stichworte und Impulse liefern, denn es gibt Verhaltensweisen, die selten unpassend sind und angenehm wirken.

- **Verbindlichkeit:** Sie ist besonders gefragt, charmant und heutzutage immer seltener anzutreffen. Dazu gehört, dass man zu dem steht, was man sagt, also auch die gute alte Handschlagqualität. Verbindlichkeit zu signalisieren bedeutet, den anderen zu respektieren. Darüber hinaus wirkt dies seriös. Dabei kann es um Kleinigkeiten gehen.

Kapitel 4 › Der Situation angepasstes Benehmen/Flexibilität

- Pünktlichkeit wirkt beispielsweise verbindlich. Von der Umsetzung gemeinsamer Pläne bis zum eingehaltenen Versprechen reicht die Palette der Verbindlichkeiten, mit denen Sie in jedem Fall punkten können.

- Herzlichkeit: Nichts wirkt persönlicher und individueller. Das besondere Merkmal der Herzlichkeit ist, dass sie sich mit anderen freuen kann. Eine besonders liebenswerte Eigenschaft, die unvergesslich positiv in Erinnerung bleibt.

- Lächeln und Humor: Auf diese besonders ansprechenden Ausdrucksmöglichkeiten wird im Folgenden noch genauer eingegangen. Ein Lächeln zur rechten Zeit wirkt aufmunternd und signalisiert Offenheit. Humor kommt gut an, wenn er nicht bösartig ist und nur auf Kosten anderer geht. Wenn Sie es schaffen, andere zum Lächeln/Lachen zu bringen, lockern Sie die Stimmung auf und erhalten zum Lohn noch fröhliche Gesichter.

Charakter zu zeigen, ist in jeder Situation passend.

Wenn Sie sich über die genaue Stimmung in einer bestimmten Situation nicht im Klaren sind, ist in jedem Fall erst einmal Zurückhaltung angesagt. Nichts wirkt uncharmanter, als sich zu benehmen wie die sprichwörtliche Axt im Wald. Wer seine

Beobachtungsgabe schult und Aufmerksamkeit beweist, wird sich aber im Laufe der Zeit auf jedem Parkett sicher bewegen können.

Authentizität

Die meisten wissen es: Nur was echt ist, überzeugt. Nur was ehrlich ist, wirkt.

Dennoch versucht fast jeder, sich zu verstellen. Warum? Liegt es daran, dass wir doch denken, andere manipulieren zu können? Oder glauben wir, so wie wir sind, nicht gut genug zu sein und uns deshalb durch Echtheit zu viel Blöße zu geben? Liegt es daran, dass wir meinen, Ehrlichkeit bedeutet gleichzeitig, andere zu verletzen? Verstecken wir deshalb unsere Persönlichkeit hinter dem, was wir als gesellschaftliche Norm betrachten?

Ich begegne in Seminaren oft der Vorstellung, dass Authentizität nur denen vorbehalten sei, die es sich „leisten können". Dabei ist diese Eigenschaft nicht mit bestimmten Positionen verknüpft. Jeder darf bzw. soll authentisch sein. Entscheidend ist, dass man zwischen verschiedenen Aspekten der eigenen Persönlichkeit wählen kann und in der jeweiligen Situation entscheidet, welchen davon man echt zeigen möchte.

Ich glaube, dass jeder Mensch in sich viele wunderbare Eigenschaften birgt und es darauf ankommt, diese abrufbar zu machen.

Echt sein bedeutet, davon überzeugt zu sein, was man übermitteln möchte.

Wer es schafft, sich zu motivieren und sich selbst den Grund für sein Denken und Handeln zu liefern, ist besser gewappnet gegen negative Einflüsse von außen, unabhängiger von der Meinung anderer und letztendlich selbstzufriedener.

ÜBUNG/SELBSTREFLEXION:

Überprüfen Sie gelegentlich Ihre eigenen Aussagen auf ihre Echtheit.

Glauben Sie sich selbst, was Sie sagen? Wie ehrlich sind Sie zu sich selbst und anderen?

> Glaube, was du denkst, dann brauchst du keine Angst davor zu haben, ob das, was du sagst, auch richtig ankommt.
>
> Sigrid Tschiedl

Charisma – bewusst wertschätzend

Wenn Peter Alexander singt, „im weißen Rössel am Wolfgangsee, da steht das Glück vor der Tür", kommt schon ein bisschen Urlaubsgefühl auf. Lächelnd bittet er die Gäste einzutreten und alle Sorgen zu vergessen. Ein kleines Kompliment hier, eine zuvorkommende Geste da – und gleich fühlt man sich wohl.

Das ist angewandter Charme. Aber auch ohne Gesangs- und Tanzeinlagen können sich positive Gefühle übertragen. Hier wirken alte Elemente der Kommunikation auf neue Weise.

Das geschickte Kompliment

Wann haben Sie das letzte Mal jemandem ein Kompliment gemacht? Fiel es Ihnen schwer? Wann haben Sie zuletzt ein Kompliment bekommen? Was bewirkte es bei Ihnen?

Leider sind wir mit Komplimenten viel zu sparsam geworden. „Ein Kompliment muss man sich erst verdienen. Für Selbstverständlichkeiten darf es keinesfalls vergeben werden." So lautet häufig die Argumentation, die verhindert, dass das, was wir positiv an anderen wahrnehmen, auch laut ausgesprochen wird. Oder es heißt: „Komplimente sind veraltet. Da mache ich mich nur lächerlich."

Tatsächlich scheinen Komplimente aus der Mode gekommen zu sein, weil sie häufig berechnend oder einfallslos sind.

So verlernen wir, sie zu machen – aber auch anzunehmen. Dadurch geht aber ein wichtiger positiver Impuls in der Kommunikation verloren.

Damit ihr Kompliment gelingt, sind ein paar wichtige Regeln zu beachten.

Kapitel 4 › Das geschickte Kompliment

Das geschickte Kompliment ist ...	
beschreibend	Reizend, beeindruckend, fantastisch, originell ... Versuchen Sie, Ihren Wortschatz zu erweitern. Wie viele verschiedene Ausdrücke kennen Sie zum Beispiel für „nett" oder „schön"?
exklusiv	Außergewöhnlich, selten, besonders, einmalig ... Jeder Dame zu sagen, dass sie ein hübsches Lächeln hat, wirkt schnell abgelutscht und unauthentisch.
voll Bewunderung	Etwa für Geschmack, Interessen, Arbeit, Vielseitigkeit ... Mit Gefühl zu zeigen, dass Sie beeindruckt sind, verstärkt die Wirkung Ihres Kompliments.
situationsbezogen, adäquat	Nicht jede Situation erlaubt jedes Kompliment. Im beruflichen Umfeld über die Augen der Kollegin zu schwärmen, wäre unpassend.
positiv formuliert	„Du bist ja gar nicht so dumm", ist kein Kompliment! ☺ Negative Worte bleiben im Unterbewusstsein negativ haften, auch wenn sie vielleicht nett gemeint sind. Formulieren Sie Ihre positiven Beobachtungen ohne das hinderliche Wörtchen „nicht"! „Aufwerten statt abschätzen" ist die Devise!
ernst gemeint!!	Glauben Sie wirklich, was Sie sagen? Dann kommt Ihr Kompliment auch an.

Bei aller Theorie geht es natürlich in der Praxis um die Einstellung, die hinter dem Kompliment steht. Wer sich selbst zum Ziel setzt, dem Gegenüber ein Lächeln aufs Gesicht zu zaubern, hat nicht nur die beste Motivation, sondern auch die sichersten Chancen, um gut anzukommen.

Es ist ein landläufiges Vorurteil, dass Komplimente bei Frauen besser platziert sind als bei Männern. In Zeiten der Gleichberechtigung sollte jeder Mensch das Recht auf Komplimente haben. Frauen dürfen sie wieder annehmen, Männer sich darüber freuen. Und beide Geschlechter sind aufgefordert, in diesem Bereich aktiv zu werden.

So verbinden sich alte und neue Wege wertschätzender Kommunikation.

KOMMUNIKATION
Sigrid Tschiedl | Roman Szeliga

ÜBUNG:

Ich behaupte, dass man beinahe jedem Menschen ein Kompliment machen kann, auch wenn man ihn/sie nur kurz kennt. Nehmen Sie Ihr Gegenüber aufmerksam wahr. Schon nach ersten optischen Eindrücken und wenigen Sätzen lassen sich Anknüpfungspunkte finden. Es geht einfach darum, positive Wahrnehmung persönlich zu formulieren und aktiv zu vermitteln.

Machen Sie bei der nächsten Gelegenheit jemand Beliebigem ein Kompliment und achten Sie bewusst auf die Wirkung – beim anderen und bei Ihnen. Überprüfen Sie, ob Ihr Kompliment den oben genannten Kriterien entsprochen hat, und notieren Sie Ihre Erfahrung.

Komplimente annehmen

Moderner ausgedrückt handelt es sich bei einem Kompliment ganz einfach um den positiven Teil eines „Feedbacks" (siehe Feedbackregeln Kapitel 8). Ich formuliere dabei einen persönlichen, positiven Eindruck. Und auch hier gilt – wie bei anderen Rückmeldungen: annehmen, wirken lassen und später sortieren.

Die Regeln für die richtige Reaktion auf ein Kompliment klingen also einfach: Danke sagen und sich freuen.

> Ein Kompliment ist die Anerkennung unserer Eigenschaften und Taten. Es gibt uns Antrieb, gestärkt weiterzumachen.
>
> Sigrid Tschiedl

Besonders für sehr selbstkritische Menschen ist es aber nicht immer einfach, unvoreingenommen ein Kompliment anzunehmen. Oft wird es sogar aus eigener Unsicherheit oder Vorsicht abgelehnt. Das sollte uns aber nicht daran hindern, Komplimente zu machen. Denn selbst wenn wir nicht die Reaktion erhalten, die wir uns erhoffen, wirkt ein Kompliment. Manchmal kann sich die Freude darüber erst zeitverzögert oder im Geheimen beim anderen einstellen. Und ernst gemeint und richtig formuliert kommt es sowohl beim anderen – dir ist etwas an mir positiv aufgefallen – als auch bei uns selbst gut an – mir ist etwas Positives an dir aufgefallen, ich habe es dir gesagt und du freust dich darüber, das freut wiederum mich.

Die Leistungen anderer anzuerkennen, macht uns selbst nicht kleiner, sondern größer und zufriedener.

Tipp: Damit Ihr Kompliment den anderen nicht überrumpelt, starten Sie mit dem kleinen Einleitungssatz: „Darf ich Ihnen/dir ein Kompliment machen?" So überschreiten Sie nicht ungefragt die Grenzen des anderen, etwaige Abwehrhaltungen werden schnell abgebaut.

KOMMUNIKATION
Sigrid Tschiedl | Roman Szeliga

Das gewinnende Lächeln

Das Lächeln – über kaum ein anderes Thema wird so viel geredet und geschrieben. Und kaum ein anderes Thema wird so wenig in der Praxis umgesetzt.

Ständig wird man zum Lächeln aufgefordert. Oft wirkt das wie eine Maske, die aufgesetzt wird, um Erwartungen anderer zu erfüllen. Doch dieses Lächeln überträgt sich nicht auf andere. Im Gegenteil, es wirkt bemüht und erzwungen.

Charisma und Lächeln sind untrennbar miteinander verbunden. Lächeln ist aber nicht einfach eine Methode, die man anwendet, um ein Ziel zu erreichen. Wer es sparsam und unehrlich einsetzt, wird nicht zum Charmeur.

Damit Ihr Lächeln auch ankommt, sollten Sie folgende Punkte beachten.

Charme ist das Ding zwischen Schirm und Melone.

Das gewinnende Lächeln ist ...	
offen	Blickkontakt lässt andere an Ihrem Lächeln teilhaben.
der Situation angepasst	Herzlich, fröhlich, verschmitzt, begeistert ...
positiv	NIE ironisch, imitierend, süßlich ...
authentisch	Von innen heraus, echt, ehrlich und dadurch persönlich!

> **ÜBUNG:**
>
> Stellen Sie sich vor den Spiegel und lächeln Sie drauf los. Welchen Eindruck haben Sie? Ist Ihr Lächeln authentisch? Wie würde es auf Sie wirken, wenn Sie sich selbst begegnen würden? Probieren Sie verschiedene Varianten des Lächelns aus:
>
> freundlich, aufmunternd, liebevoll, amüsiert etc.

Geizen Sie nicht mit Ihrem Lächeln! Denn es wirkt nach innen und außen. Viel zu oft sucht man nach dem Grund für ein Lächeln. Vielleicht helfen dabei folgende Gedanken und Übungen:

- Wer ein Lächeln schenkt, bekommt es vielfach zurück.
- Gehen Sie einmal lächelnd durch eine belebte Straße. Welche Reaktionen erhalten Sie? Wie viele Personen erwidern Ihr Lächeln? – Und das ganz ohne Grund!
- Lächeln bewirkt auch, dass ich mich selbst besser fühle.
- Studien haben ergeben, dass sich Wohlbefinden einstellt, wenn man lächelt. Schenken Sie sich ab und zu morgens durch den Spiegel selbst ein und gönnen Sie sich so einen positiven Start in den Tag!
- Lächeln kostet nichts!

Die Dos und Don'ts der charmanten Kommunikation

Die Grenzen des Charmes sind fließend. Das liegt an unserer persönlichen Wahrnehmung und unseren gesellschaftlichen Vorlieben. Dadurch wird Charme individuell und damit unverwechselbar.

Damit Sie nicht unfreiwillig vom Charmeur zum Schleimer werden, beachten Sie bitte die folgenden zusammenfassenden Dos und Don'ts, die charmante Kommunikation ausmachen.

> **Die Dos der charmanten Kommunikation**
>
> - **Basisbenehmen** – Grüßen, Bitte, Danke und Lächeln kosten nichts!
> - **Aufmerksamkeit** signalisieren – Blickkontakt, nicken, Hilfe anbieten.
> - Namentliche **Ansprache** – persönlicher Bezug, Details merken.
> - **Fragen** stellen – offenes Interesse signalisieren, Wünsche herausarbeiten.
> - **Gefühle** ansprechen – wie geht es Ihnen wirklich, wertvolles Vertrauen.
> - **Komplimente** – positive Formulierungen, Lob erfreut.
> - **Verbindlichkeit** signalisieren und herstellen – sich kümmern, Gemeinsamkeiten schaffen, verlässlich sein.
> - **Zuhören** – wahrnehmen und aufnehmen.

Folgende Eigenschaften und Verhaltensweisen bringen Ihnen hingegen keine Charmepunkte ein:

> **Die Don'ts der charmanten Kommunikation**
>
> - **Verallgemeinerung** – bequeme, unpersönliche Floskeln (Gnädige Frau etc.).
> - **Übertriebene Selbstdarstellung** – Kasperltheater ist uncharmant!
> - **Bewerten/Belehren/Befehlen** – Schwarz-Weiß-Denken statt Toleranz üben und Verschiedenartigkeit zulassen.
> - **Intimsphäre verletzen** – Ausfragen, Privatsphäre nicht respektieren.
> - **Druck** – Entscheidungen und Vertrauen brauchen Zeit.
> - **Negative emotionale Übertragung** – eigenen negativen Zustand dem Gegenüber aufladen.

Kapitel 4 > Die Dos und Don'ts der charmanten Kommunikation

Wenn Sie sich am Ende dieses Kapitels immer noch fragen, was es Ihnen bringt, charmant zu sein, hier sind die Vorteile noch einmal auf einen Blick:

Ihre Charmevorteile:

- Sie schaffen eine angenehme Atmosphäre!
- Sie gestalten Situationen flexibel!
- Sie wirken immer positiv!
- Sie vermitteln Ehrlichkeit!
- Sie wirken persönlich!
- Sie sind unverwechselbar!
- Sie bleiben in guter Erinnerung!

Bleibt abschließend noch die Frage: Wer darf charmant sein? Passt *Charme* zu mir?

Charme wird immer noch besonders Männern zugeschrieben, wobei dabei meistens impliziert wird, dass der Charmeur besonders Damen mit seinem Verhalten beeindrucken möchte. Dabei haben Frauen nicht minder beeindruckende Charme-Talente. Trotzdem gibt es noch keinen weiblichen Gegenbegriff zum Wort *Charmeur*. Die *Charmeuse* bezeichnet nämlich einen speziellen Stoff, der zur Unterwäscheherstellung verwendet wird und besonders elastisch ist. ☺ Hier besteht also noch Definitionsbedarf!

Im Endeffekt muss jeder für sich persönlich seine Version von Charme definieren.

> Charisma ist eine Summe angewandter Kommunikationsregeln mit individuellen Schwerpunkten, kreativ gemischt, verfeinert durch eine Portion Persönlichkeit und präsentiert mit Authentizität.
>
> Sigrid Tschiedl

Die Suche danach lohnt sich in jedem Fall!

Finden Sie Ihren eigenen Charme und lassen Sie ihn sprühen!

Kapitel 5

Mit Humor – vom Sinn des Unsinns

KOMM UNIKATION

Sigrid Tschiedl | Roman Szeliga

Es gibt kaum einen persönlicheren und beliebteren Faktor in der zwischenmenschlichen Kommunikation als *Humor*.

Untersuchungen haben ergeben, dass Humor eine der am häufigsten gewünschte und gesuchte Eigenschaft bei der Partnerschaftssuche ist. Auch im Berufsleben steht er hoch im Kurs. Bei der Jobvergabe gilt „Sinn für Humor" (neben Fachkenntnis und engagiert wirtschaftlichem Denken) bereits als drittwichtigste Qualifikation (lt. Umfrage des Magazin „Fortune 500" bei Personalverantwortlichen).

Jeder behauptet ihn zu haben, wir alle wünschen ihn uns bei anderen und trotzdem sucht man ihn im entscheidenden Moment oft vergeblich. Warum ist das so? Wie funktioniert Humor überhaupt? Was verhindert, dass wir ihn zulassen? Welche positive Kraft steckt im Humor, und wie können wir sie nutzen, um die Kommunikation miteinander zu verbessern?

„Wenn du bei jemandem in der Vordertür stecken bleibst (einfach, weil du zu viel gegessen hast), wirst du erleben, dass deine Hinterbeine vom Gastgeber als Handtuchhalter genutzt werden. Das ist der Lauf der Welt."

„Entschuldige dich nicht für Frohsinn, Tanz und was nicht alles! Es musste ja so kommen!"

Puh der Bär und I-AH oder
„Wie man Trübsal bläst"

Viele Dinge können wir nicht ändern. Wir können aber unsere Sicht auf die Dinge ändern. Mit Humor lässt sich vieles leichter (er-)tragen, vermitteln und bewegen. Machen Sie sich in diesem Kapitel auf die Suche nach Ihrem Zugang zum Humor und entdecken Sie die „Freude am Spaß"! – Sie werden lachen, es ist ernst! ☺

Humor, was ist das? – Wirkung und Wesentliches

Wir alle lachen gern. Was uns zum Lachen bringt, untersuchen seit langem Wissenschaft und Wirtschaft. Mit der Entstehung und dem Wesen von Humor beschäftigten sich Philosophen ebenso wie Schriftsteller, Psychologen und Mediziner.

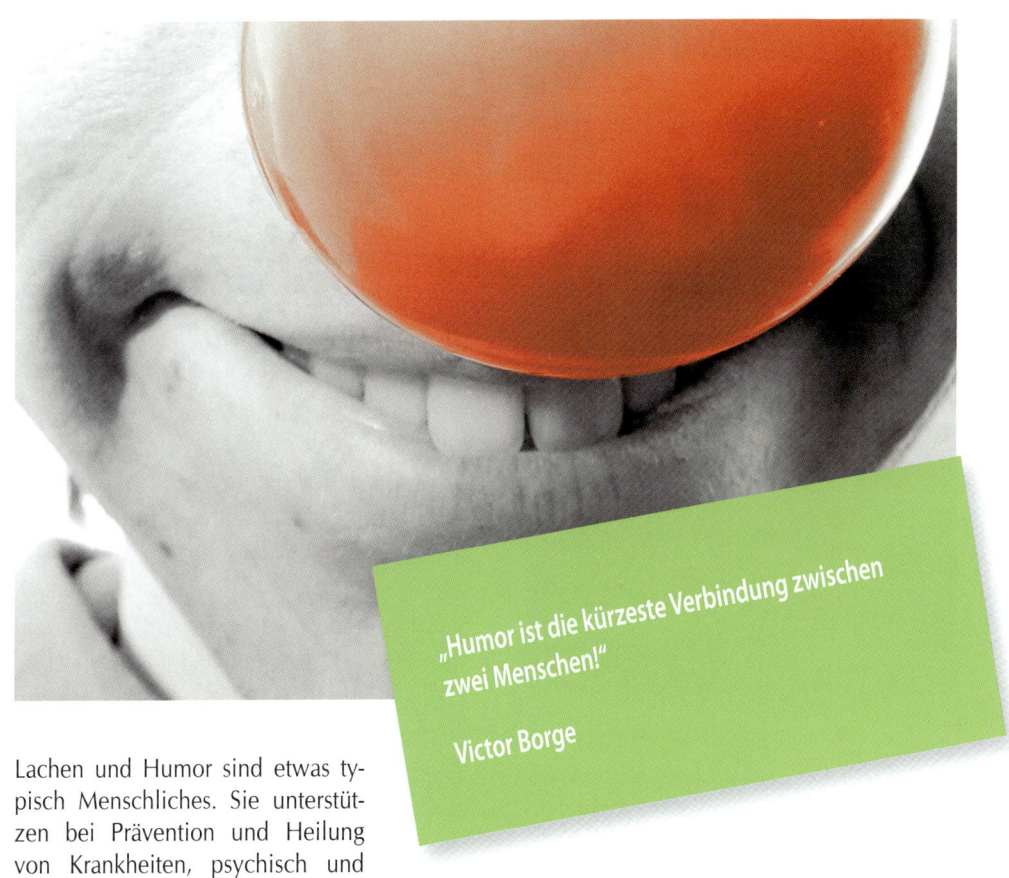

Kapitel 5 › Humor, was ist das? – Wirkung und Wesentliches

> „Humor ist die kürzeste Verbindung zwischen zwei Menschen!"
>
> Victor Borge

Lachen und Humor sind etwas typisch Menschliches. Sie unterstützen bei Prävention und Heilung von Krankheiten, psychisch und physisch. Der Psychotherapeut Viktor Frankl ermutigte seine Patienten beispielsweise dazu, ihre Angst zu ironisieren und all das „auf die Schippe zu nehmen", was das Leben belastet.

Initiativen wie die „Cliniclowns" (1991 in Wien gegründet, www.cliniclowns.at) bringen Lachen als zusätzliche positive Möglichkeit zur Genesung ins Krankenhaus und damit zu den Menschen, die es am Dringendsten brauchen.

Seit einigen Jahren gewinnt Humor auch im Persönlichkeitstraining und Coaching an Bedeutung.

Humor bietet die Möglichkeit, Tatsachen, die man nicht ändern kann, oder Problemen, die überwunden werden sollen, gelassener entgegenzutreten. Er ermöglicht schnellen Druckabbau und gibt Aussicht auf einen positiven weiteren Verlauf der Entwicklung.

Humor kann uns dabei helfen, aufeinander zuzugehen, Schwierigkeiten zu überwinden und persönlich zu „wirken".

Wie und wo wirkt Humor?

- *Wie:* Humor bewirkt Stressabbau.

    Wo schnell innerer und/oder äußerer Druck abgebaut werden soll – Ärger und Lachen haben beide eine „Ventilwirkung"! Geben Sie nach Möglichkeit dem Lachen den Vorzug!

- *Wie:* Humor relativiert die Bedeutung von Problemen und hilft bei deren Lösung, Humor erschließt kreative Ressourcen.

    Wo man etwas Abstand zu einer schwierigen Situation braucht – Humor ist der Schritt zurück, der sofort einen anderen Blickwinkel ermöglicht.

- *Wie:* Humor verbindet, stärkt den Teamgeist und motiviert.

    Wo Sie auf persönliche Weise sich und anderen etwas Gutes tun wollen – Menschen zum Lachen zu bringen, macht entspannt, zufrieden und beliebt!

Humor ist ein weiteres Thema auf dem Gebiet der Kommunikation, das die emotionale Ebene anspricht. Nur wer bereit ist, ein wenig von der reinen Sachlichkeit abzuweichen und Kreativität zuzulassen, kann sich auf diesem Sektor entwickeln und entfalten.

> Der Heitere ist Meister seiner Seele.
>
> William Shakespeare

Kapitel 5 › Humor, was ist das? – Wirkung und Wesentliches

Humor wirkt als Übersetzer zwischen Gefühl und Verstand.

Humor kann man allerdings nicht wirklich theoretisch erklären – ebenso schwer ist es, jemandem beizubringen, wie man einen Witz erzählt. Analyse und Bewertung bringen einen nicht ans Ziel. Denn so beginnt man Humor schon zu vernichten, lange bevor er Früchte bringen kann. Oder anders ausgedrückt: Humor zu analysieren ist so, wie einen Frosch zu sezieren: Der einzige, der etwas davon hat, ist der Wissenschaftler. Und der Frosch ist tot!

Es gehören Mut zum Umdenken und jede Menge Praxis dazu, wenn man sich diesem Thema persönlich nähern will.

Unsere Einstellung bestimmt unser Verhalten. Nur wer Humor bei sich und anderen zulassen kann, kann seine positive Wirkung erleben.

Ein persönlicher **Erfahrungsbericht:**

Mit 16 Jahren hatte ich einen Sommerjob in einem großen Industrieunternehmen.

Mein Arbeitstag begann bereits um 6:15 Uhr morgens und dauerte üblicherweise bis nachmittags um 15:00 Uhr. Zu dieser Zeit war ich meistens mit meinem alten Moped, einer Puch Maxi, unterwegs und fühlte mich besonders unabhängig und erwachsen.

Obwohl es Hochsommer und tagsüber oft sehr heiß war, war es morgens oft noch recht kühl. Deshalb – und auch aus Sicherheitsgründen – fuhr ich morgens in Jeans zur Arbeit und zog mich dort später um.

Eines Tages hatte ich es besonders eilig, nach der Arbeit nach Hause zu kommen. Ich nahm mir keine Zeit, die Hose, die ich normalerweise zum Fahren trug, anzuziehen, sondern klemmte mir den langen, weiten Rock, den ich an diesem Tag trug, einfach fest zwischen die Beine und fuhr los. Nach etwa 2 km Fahrt, mitten auf der Hauptstraße, war es dann so weit: Ein Rockzipfel, der sich gelöst hatte, verfing sich in der Kette meines Mopeds und das Hinterrad blockierte. Ich war zwar nicht schnell unterwegs und konnte das Gefährt ohne Unfall stoppen, doch ich stand plötzlich mit heruntergezogenem Rock an den Sitz meines Mopeds gefesselt mitten auf der Straße! Dass ich mit diesem Auftritt keine Folgeunfälle erzeugte, ist mir bis heute ein Rätsel, denn mein Anblick muss unglaublich komisch gewesen sein. Nach einer kleinen Schrecksekunde wusste ich, dass ich keine Wahl hatte. Peinlich war die ganze Sache sowieso! Ändern konnte ich sie auch nicht. Also entschloss ich mich, es locker anzugehen. Ich hievte mich mit dem Moped an den Straßenrand, fischte meine Hose aus dem Rucksack und zog sie aufs Umständlichste an, bevor ich mich mühsam aus dem Rock schälte und vom Gefährt befreite. Während Autos mit gaffenden Menschen vorbeifuhren, rief ich: „Kommen Sie und staunen Sie! So etwas haben *Sie* noch nie gesehen und *ich* noch nie erlebt!" Ich zuckte mit den Achseln, streckte beide Daumen hoch und musste schließlich herzlich lachen.

Später am Straßenrand war ich damit beschäftigt, den verkeilten Rock aus dem Moped zu befreien, was sich als äußerst schwierig herausstellte, da er besonders fest eingeklemmt war. Ich stellte mich so hin, dass vorbeigehende, neugierige und irritierte Passanten sehen konnten, worum es sich handelte, und sagte laut und freundlich: „Ja, es ist ein großes Rätsel: Wie kam der Rock in die Kette, und wie kommt er wieder heraus? Hilfe und Wetten werden gerne angenommen."

So seltsam es klingt, es beruhigte mich, aus der Sache einen großen Witz zu machen, denn durch die Absurdität gewann ich etwas Abstand zur Situation. Ich hätte weinen und mich hetzen können, um schneller aus der Situation zu entkommen. Aber was hätte es mir gebracht? Das Ergebnis wäre trotzdem ein kaputter Rock gewesen, aber vielleicht nicht so nette Passanten, die mir schnell zu Hilfe kamen und versuchten, das Problem gemeinsam mit mir zu lösen.

Ich denke, dass selten zuvor jemand mit einem Hammer und einem Schraubenzieher versucht hat, einen Rock aus einer Kette herauszumeißeln!

Das Moped fährt übrigens noch immer, und ich bin nie wieder mit einem Rock auf einem motorisierten Zweirad gesessen – viel zu gefährlich ... aus verschiedenen Gründen! ☺

Seither habe ich aber jede Menge Mut zur Peinlichkeit! Und es gibt seit damals viele Situationen, in denen ich aufgrund meiner angeborenen Ungeschicklichkeit und gelegentlichen Unaufmerksamkeit die Fähigkeit, Dinge mit Humor zu nehmen, gut brauchen kann!

Denn wie mir meine Mama schon so treffend sagte: „Kind, Gott sei Dank bist g'scheit, weil g'schickt bist net!" ☺

Erinnern Sie sich an ein Erlebnis, bei dem Humor als Problemlöser diente und die Situation entschärft hat? Schreiben Sie kurz über eine Situation, in der Sie auf humorvolle Weise reagiert oder gehandelt haben.

> Ist einer heiter, so ist es einerlei, ob er jung oder alt, gerade oder bucklig, arm oder reich sei, er ist glücklich!
>
> Arthur Schopenhauer

ÜBUNG/SELBSTREFLEXION:
Wann haben Sie das letzte Mal herzlich gelacht? Worüber lachen Sie generell? Was bewirkt das bei Ihnen?

Humor ist...
- eine gelassene Haltung gegenüber Missgeschicken und Schwierigkeiten.
- die kleine Belohnung, bevor die Arbeit beginnt!
- gesund! ☺

Humor, wie geht das? – Paradoxes und Praktisches

Jedem ist klar: Mit Humor kommt man nicht nur bei anderen besser an, man hat es auch selbst leichter. Aber wie bringt man Humor in sein Leben? Kann man Humor überhaupt erlernen bzw. üben?

> Die schwierigste Turnübung ist immer noch, sich selbst auf den Arm zu nehmen.
>
> Werner Finck

Humor lebt von Gegenteil und davon, Dinge von einer anderen Seite her zu betrachten.

Um Humor ins aktive Bewusstsein, ins Denken oder Handeln zu bringen, muss man sich also folgende Fragen stellen:

- In welchem Vergleich wirkt die Situation harmlos/absurd/erfreulich?
- Was ist das Komische daran?

Je absurder die Assoziation oder der Vergleich, desto besser! Alles was paradox, kreativ und unkonventionell ist, ist willkommen!

Auch hier gilt: selbst-bewusst wahrnehmen, zulassen und dann üben, üben, üben! ☺

Lassen Sie sich von einigen Beispielen inspirieren, und versuchen Sie sich anschließend selbst mit der „Humorproduktion" (siehe Übungen).

> Die Zukunft war früher auch besser.
> Karl Valentin
>
> Ich würde nie Mitglied in einem Verein werden, der mich als Mitglied akzeptiert!
> Groucho Marx

ÜBUNG:

In dieser Übung sollen kreative Assoziation und damit Schlagfertigkeit trainiert werden.

Anbei finden Sie einige Übungssätze. Versuchen Sie, auf die folgenden Aussagen mit einer humorvollen Antwort zu reagieren. Vielleicht helfen Ihnen dabei Einstiegsphrasen, wie:

- Wenigstens haben wir/bin ich ...
- Immerhin besser als ...
- Umso besser ...
- Gott sei Dank, weil ...

Was sagen Sie dazu?

- Ihr Urlaub ist gestrichen!
- Ihr Hosenstall ist offen!

Kapitel 5 › Humor wann und warum (nicht)? – Einwände und Ermutigung

- Die Teeküche in der Firma wird ab sofort videoüberwacht!
- Ich war zuerst da!
- Sie haben da was ...
- Du bist ja ganz schön alt geworden!

Je mehr Übung, desto schlagfertiger werden Sie und umso humorvoller können Sie mit schwierigen, vielleicht unangenehmen Situationen umgehen!

> Um Pointen aus dem Ärmel schütteln zu können, muss man sie zuerst hineingesteckt haben!
> Rudi Carrell
>
> Menschen sind wie Schallplatten! Nur gut aufgelegt kommen sie über die Runden!
> Ursula Herking

Paradox wäre, wenn ...

- man zunehmend schlanker wird.
- ein Stehkragen sitzen soll.
- ein Mathematiker mit einer Unbekannten nichts anfangen kann.
- man sich für eine kalte Platte erwärmt.

Humor wann und warum (nicht)? – Einwände und Ermutigung

Als Sie damit begonnen haben, dieses Kapitel zu lesen, hat sich sicherlich auch schon der kleine Skeptiker in Ihnen gemeldet, der sagt: „Ja, das ist ja alles gut und schön, aber das Leben ist nun mal nicht immer komisch! Und überhaupt, wer will sich schon die ganze Zeit lächerlich machen, da wird man doch nicht mehr ernst genommen!"

Tja, lieber kleiner Skeptiker, deine Einwände sind verständlich. Jeder möchte möglichst kompetent und seriös erscheinen. Das bewirkt leider meistens, dass Humor gänzlich aus dem Repertoire der Kommunikationsmöglichkeiten gestrichen wird.

Lassen Sie uns gemeinsam die Gründe dafür hinterfragen.

Was blockiert Humor?
Und warum Sie das nicht weiter beeindrucken sollte!

−	+
Übermäßige Selbstkritik als Folge eines unrealistischen Perfektionismus.	Vergessen Sie nicht: Nobody is perfect! Und das ist gut so! ☺
Negative Erfahrungen in der Kindheit (Spott, Sarkasmus, Demütigung, Verletzung des Selbstwertes, Missbrauch von Gefühlen …).	Keine Sorge, echter Humor verletzt nicht. Er macht Mut und verbindet. Ihr Vorteil: Durch den Einsatz von Humor können Sie jetzt, als Erwachsener, Kindern ein gutes Vorbild und Mitmenschen eine Stütze sein.
Die Meinung, Humor/Fröhlichkeit sei kindisch und unseriös und rechtfertigt Zweifel an der fachlichen Kompetenz. Die Frankfurter Allgemeine Zeitung stellte fest: „In Führungsetagen wird Humorlosigkeit noch immer als Zeichen von Kompetenz gewertet!"	Ein Missverständnis: Humor ersetzt nicht Kompetenz! Humor ergänzt Kompetenz! Das aber ganz wesentlich und auf unverwechselbar positive Art und Weise!
Verwechslung von Rolle und Identität Unter einer *Rolle* versteht man gesellschaftliche Gruppenzugehörigkeit, Verhalten, äußeres Erscheinungsbild, berufliche Positionen. Die *Identität* bezeichnet unsere individuelle Persönlichkeit, unser innerstes, intimstes Selbst hinter allen Masken.	Wer Humor als Teil seiner Persönlichkeit versteht und entwickelt, hat ihn in jeder Rolle und Situation mit dabei und zur Verfügung. Trauen Sie sich, Ihr Leben selbst zu gestalten und die Regeln mitzubestimmen. Wer mit Humor wirkt, wirkt in jeder Rolle entspannt und einladend.
Der Wunsch, von jedermann gemocht zu werden (everbody's darling sein).	Der Einfluss auf unsere Wirkung ist begrenzt (siehe Kapitel 3, „vier Ohren"). Nicht jeder nimmt Dinge so auf, wie wir uns das wünschen! Entscheidend ist, dass Sie gute Absichten haben und zu sich und Ihrem Wesen stehen!
Die Suche nach der EINEN Wahrheit/Lösung.	Humor bedeutet auch Toleranz. Das Leben ist vieldeutig und rätselhaft – „Ich weiß, dass ich nichts weiß."

Um Humor einzusetzen, brauchen wir Mut. Mut, lang benutzte Pfade zu verlassen, um Neuland zu betreten. Hier brauchen wir auch Mut zum Scheitern. Denn nicht jeder Humorversuch wird glücken. Dennoch muss es Motivation genug sein, die ersten Schritte zu gehen. Einen 100-m-Weltrekord schafft man auch nicht in einem Tag. Aber auch der beginnt mit dem ersten Schritt ...

Ein **Beispiel:** „Buchstäblich ..."

Wenn Unternehmer heutzutage erfolgreich sein wollen, dann braucht es Ideen, die besser und wirksamer sind als die von anderen.

Da sich sein Buch nicht verkaufen wollte und sein Verleger kein Geld in die Werbung stecken wollte, entschloss sich der Autor W.S. Maugham zur Selbsthilfe. Er gab in einigen Londoner Tageszeitungen eine Kontaktanzeige auf. Und die lautete folgendermaßen:

„Junger Millionär, sportlich, kultiviert, musikalisch, verträglicher, empfindsamer Charakter, wünscht ein junges hübsches Mädchen, das in jeder Hinsicht der Heldin des Romans von W.S. Maugham gleicht, zu heiraten."

Sechs Tage nach Erscheinen der Anzeige war die erste Auflage des Romans restlos vergriffen.

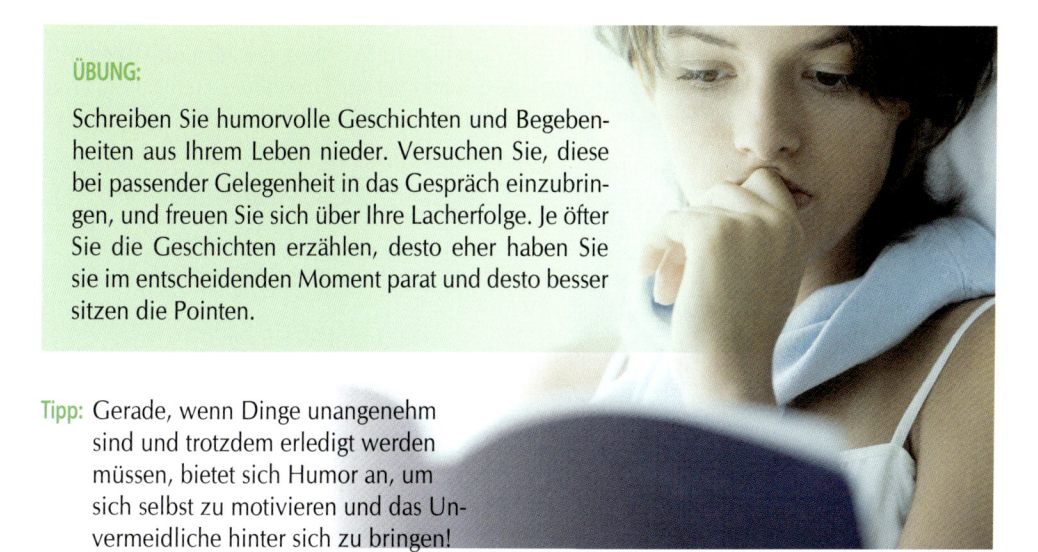

ÜBUNG:

Schreiben Sie humorvolle Geschichten und Begebenheiten aus Ihrem Leben nieder. Versuchen Sie, diese bei passender Gelegenheit in das Gespräch einzubringen, und freuen Sie sich über Ihre Lacherfolge. Je öfter Sie die Geschichten erzählen, desto eher haben Sie sie im entscheidenden Moment parat und desto besser sitzen die Pointen.

Tipp: Gerade, wenn Dinge unangenehm sind und trotzdem erledigt werden müssen, bietet sich Humor an, um sich selbst zu motivieren und das Unvermeidliche hinter sich zu bringen!

> In every job, that must be done, there is an element of fun! Find the fun and it becomes a game!
>
> Mary Poppins

Und da meldet er sich auch schon wieder zu Wort, der kleine Skeptiker: „Ja, stimmt schon, Humor ist prinzipiell eine gute Sache, aber wenn man dann schon mal komisch sein will, dann fällt einem im entscheidenden Moment nie was ein. Und überhaupt, wo findet man denn den Humor? Als wenn das alles so einfach wäre!"

Humor ist in vielen Situationen des täglichen Lebens zu finden. Es kommt nur darauf an, sich das Wo bewusst zu machen!

Wo(durch) entsteht Humor? Wie Sie ihn finden und anwenden!

Situationskomik

Was bietet genau jetzt, genau dieser Augenblick? Wo liegt die Absurdität des Moments? Sie haben die Chance, aus einer Situation etwas Besonderes zu machen. Nehmen Sie wahr, was rund um Sie passiert, und nutzen Sie den Moment.

Finden Sie schräge Erklärungen und entdecken Sie die komischen Seiten der Situation (z.B. unvorhergesehene Begegnungen, Missverständnisse, Zeitungsmeldungen, Stau etc.).

Bitte bedenken Sie: Auf vieles, was uns passiert, haben wir keinen Einfluss; darauf, wie wir damit umgehen, aber schon!

Oft hat man nur die Wahl: sich ärgern oder darüber lachen. Manchmal wird einem die Entscheidung erleichtert, wie bei meiner absoluten Lieblingserklärung für eine einstündige Zugverspätung, die ich bei einer Bahnfahrt wieder einmal in Kauf nehmen musste. Die Lautsprecherdurchsage seitens der Bahn lautete: „Sehr geehrte Fahrgäste! Wegen einer Couch auf den Schienen sind wir eine Stunde verspätet!"

Wer kann da noch böse sein? Man stelle sich dazu noch ein paar verwirrte Bahnmitarbeiter vor, die ratlos um eine Couch herumstehen ... ☺

Kapitel 5 ❯ Wo(durch) entsteht Humor? Wie Sie ihn finden und anwenden!

Allgemeine Übereinstimmungen

Was wir gemeinsam haben, verbindet uns. Worüber wir gemeinsam lachen können, ganz besonders! Jeder von uns kennt Teenagerprobleme, Beziehungsschwierigkeiten, Angst vor Krankheiten etc. Durch das Gefühl, zusammenzugehören, kann man eine gemeinsame Humorbasis finden und mehr ... (siehe In-Groups Kapitel 2).

Persönliche Eigenheiten, individuelle Eigenschaften

Jeder von uns hat seine persönlichen Besonderheiten, die außergewöhnlich sind, sozusagen eigen-artige Einzigartigkeiten! Ob körperlich, intellektuell, kulturell oder emotional: Wir alle haben Eigenschaften, die von der Norm abweichen, Angewohnheiten, die uns von anderen abheben. Diese kleinen Macken und Ticks zu kultivieren und ab und zu in Szene zu setzen, bietet eine ideale Möglichkeit, Humor wirken zu lassen.

> Ich habe keine Angst vor dem Tod, ich möchte nur nicht dabei sein, wenn es passiert!
>
> Woody Allen

Der Grundsatz dabei: „Es ist vollkommen in Ordnung, dass ich nicht vollkommen bin."

ÜBUNG/SELBSTREFLEXION:

- Welche Themen oder Erfahrungen kennen Sie, die alle Menschen/Frauen/Männer/Tiere/Politiker/Zahnärzte/Briefmarkensammler gemeinsam haben, die sie also verbinden? Wie kann man diese Themen humorvoll ansprechen? Kennen Sie eine Anekdote, einen Witz oder finden Sie eine absurde Assoziation zu diesen Gruppen?
- Finden Sie drei Eigenschaften oder Dinge an Ihnen, die komisch sind, und setzen Sie sie bewusst ein, um jemanden zum Lachen zu bringen!

- Finden Sie möglichst absurde, kreative Erklärungen für folgende unbeeinflussbare Phänomene:
  - Schlechtwetter an Ihrem freien Tag.
  - Sie haben einen dringenden Termin – Ihr Auto springt nicht an.
  - Die Milchpackung steht leer im Kühlschrank.
  - Sie geben Ihre Socken paarweise in die Wäsche, aber Ihre Waschmaschine spuckt nur mehr einzelne Socken aus.
  - Die Bauanleitung des IKEA-Regals ist nicht in der Verpackung.

Tipp: Wenn Ihnen etwas Witziges einfällt, lassen Sie andere daran teilhaben und mitlachen! Lassen Sie ruhig mal einen kleinen Film mit Slapstickeinlage vor Ihrem inneren Auge ablaufen! Stellen Sie sich vor, wie Sie auf einer Opernbühne „Alle meine Entchen" singen oder ...

Kopfkino macht Spaß!

Ich befürchte, jetzt ist unser Skeptiker gänzlich verwirrt. „Und wenn man dann mal versucht, komisch zu sein, steigt man sicher ins Fettnäpfchen! Manchmal passt Humor, manchmal nicht, woher soll ich denn jetzt wissen, wie das geht? Man will ja auch nichts falsch machen."

Es stimmt, nicht in jeder Situation ist Humor angebracht. Aber richtig eingesetzt wirkt er aufbauend, entspannend und motivierend. Es bleibt die Frage: Wann funktioniert Humor? Wie bei den meisten Dingen, gibt es auch hier ein paar kleine Regeln ...

Lachen, aber richtig!

Für Humor gilt ...

- **Im Zweifel NICHT!** – Humor braucht den richtigen Moment! Wenn Sie sich unsicher fühlen, ob eine humorvolle Bemerkung gerade angebracht ist, dann lassen Sie es lieber. Hören Sie auf Ihren Bauch! Er gibt Ihnen zum richtigen Zeitpunkt das Startsignal für Ihren komischen Beitrag. Und dann trauen Sie sich!!
- Lachen Sie über sich selbst oder die Situation, nicht über andere! Nur wenn Humor wertschätzend ist, wirkt er als positiver Motivator! Wer Humor gegen

andere einsetzt, sich also über andere lustig macht, bewirkt Trennung statt Verbindung. Und wer zuerst über sich selbst lacht, hat gewonnen!

- Wenn schon komisch, dann am Besten freiwillig und mit (den besten) Absicht(en)! ☺ Wer mit einem Bein ins Fettnäpfchen tritt, kann das zweite auch gleich dazuholen!

Tipps: Wenn Sie als Humorzielscheibe doch einen anderen Menschen wählen, dann gilt die Regel: je unpersönlicher (Gruppe, Klischee), desto besser.

Und wenn es sich um eine bekannte Persönlichkeit handelt: Je größer der Abstand zwischen dem „Opfer" und Ihnen bzw. Ihren „Mitlachern", desto besser. Vermutlich werden sich der Bundespräsident oder der Papst nicht besonders über eine kleine humorvolle Bemerkung auf ihre Kosten beschweren!

KOMM**UNIKAT**ION

Sigrid Tschiedl | Roman Szeliga

Lieber kleiner Skeptiker! Hier noch einmal für dich und alle, die so denken wie du, eine Zusammenfassung der Gründe, warum du Humor weiterhin meiden solltest. Vielleicht überlegst du es dir aber doch noch einmal anders. Ich hoffe jedenfalls, wir können trotzdem Freunde werden!

> **Warum Humor die *schlechteste* Methode zur Erreichung Ihrer Ziele ist!** ☺
> - Ihre Mitmenschen könnten Sie sympathisch finden!
> - Die Arbeit und das Leben könnten Ihnen Spaß machen!
> - Sie und andere könnten sich wohlfühlen!
> - Es könnten sich Lösungen und Möglichkeiten auftun, an die Sie vorher noch nicht gedacht hatten!

Humor als Marke „ICH" – sich selbst nicht mehr so wichtig nehmen

Humor ist eine sehr persönliche Eigenschaft, die sich bei jedem anders ausdrückt. Sie macht uns sozusagen unverwechselbar! Niemand hat das gleiche Lächeln wie Sie, niemand hat genau Ihren Stil, Ihre Erfahrungen, und niemand hat exakt Ihre Humorbegabungen! Daher ist es sinnvoll, sich mit den eigenen humoristischen Wesenszügen und Ausdrucksmöglichkeiten zu befassen und das eigene, persönliche Humor-Talent weiterzuentwickeln – wir alle besitzen es!

> *Humor ist die höchste soziale Kompetenz!*
>
> *Humor fängt dort an, wo man aufhört, sich selbst zu ernst zu nehmen.*

> **ÜBUNG:**
>
> Kennen Sie die „Agathe-Bauer-Songs"? Auf 104.6 RTL-Radio rief 2008 eine Frau an, die sich das „Agathe-Bauer-Lied" wünschte – tatsächlich wollte sie, dass man „I got the Power" von Snap spielt. Der Radiosender machte eine Serie daraus, wo jeder anrufen konnte und erzählen, was er (falsch) versteht, wenn er ein Lied hört. Wir alle haben solche „Verhörer". Meine eigener Liebster ist: „I come from Orlando-lando" (orig.: „I come from a land down under", Men at work).
>
> Man findet sie in der Kindheit, in Liedern, Fremdsprachen oder einfach im Alltag, und sie sind saukomisch! Welche persönlichen „Verhörer" haben Sie?

In der Möglichkeit, über sich selbst zu lachen, liegt unglaubliche Stärke. Man nehme zum Beispiel Dinge, vor denen man sich fürchtet oder die man an sich selbst nicht mag, die aber offensichtlich sind, und stelle diese ins Rampenlicht.

Die eigenen Schwächen und Ängste in den Fokus zu rücken, nimmt Spöttern den Wind aus den Segeln und lässt auch große Bedenken verschwinden!

Man nennt dieses Phänomen auch „die Macht des Offensichtlichen".

Sie haben einen Kaffeefleck auf Ihrer Kleidung, aber keine Chance ihn rechtzeitig vor einer Präsentation zu entfernen? Sprechen Sie die Sache humorvoll an und sagen Sie, dass Sie zwar fachlich sehr kompetent sind, aber am unfallfreien Kaffeetrinken noch arbeiten. Die Sache wird sowieso bemerkt, ist aber sofort problemlos aus der Welt geschafft und später kein Thema mehr. ☺

Oft sind es enttäuschte Erwartungshaltungen an uns selbst und andere, die Humor verhindern. Je unvoreingenommener wir Situationen gegenübertreten, desto mehr Chancen haben wir, positive Erfahrungen zu machen.

Wer sich selbst mag, kann auch über kleine Fehler schmunzeln!

> **Warum ich mit mir selbst Spaß haben darf:**
> - Wer über sich selbst lachen kann, zeigt Größe!
> - Wer über sich selbst lachen kann, wirkt offen und einladend!
> - Wer über sich selbst lachen kann, baut Druck von außen und innen ab!

> Die größten Magier sind die, die anderen ein Lächeln ins Gesicht zaubern können!
>
> Sigrid Tschiedl

Humor – was bringt das?

Abschließend möchte ich Ihnen noch einmal das tolle Gefühl ans Herz legen, das entsteht, wenn man sich und andere zum Lachen bringt. Humor wirkt eben auch nach innen und außen! Durch ihn kann man Dinge positiv verändern und gestalten.

Oft sind es kleine humorvolle Ideen, die große Wirkung zeigen.

Wie man Probleme mit Humor lösen kann, zeigt folgendes **Beispiel**:

Im öffentlichen Verkehr einer kleinen französischen Stadt namens Bourg-en-Bresse kam es immer wieder zu massiven Verspätungen. Im Eingangsbereich der Busse stauten sich die Fahrgäste. Sie blieben, nachdem sie zugestiegen waren und ihr Ticket bezahlt hatten, einfach vorne im Bus stehen, ohne sich weiter hinten freie Sitzplätze

Kapitel 5 › Humor – was bringt das?

zu suchen. So wurden nachkommende Fahrgäste beim Einsteigen behindert, und es kam zu langen Wartezeiten und Fahrtverzögerungen auf den Linien.

Das Problem wurde auf humorvolle Weise gelöst. Immer wenn sich ein Stau im Eingangsbereich bildete, sagte der Buschauffeur folgenden Satz durch:

„Alle Fahrgäste, die saubere Unterwäsche tragen, bitte bis nach hinten durchgehen."

Die Pünktlichkeit der Busse konnte innerhalb kürzester Zeit um 85% gesteigert werden! Wären Sie vorne stehen geblieben? ☺

> Das Leben ist schwer; ein Grund mehr, es auf die leichte Schulter zu nehmen.
>
> Emil Gött

Wer immer noch einen Anstoß braucht, mehr Humor in sein Leben zu lassen, findet hier hoffentlich noch einmal die besten Gründe dafür:

Wozu Humor?

- Humor baut Druck ab!
- Humor motiviert!
- Humor ergänzt Kompetenz!
- Humor entschärft schwierige Situationen!
- Humor stiftet Gemeinschaft!
- Humor macht Spaß!
- Humor wirkt persönlich!

Kapitel 6

**Bühne frei für mich –
Sicherer Auftritt,
starke Wirkung!**

Glauben Sie, auf einer großen Bühne im Rampenlicht zu stehen, ist nur etwas für professionelle Schauspieler?

Denken Sie nicht, es ist nur Sache der Künstler, eine einzigartige Vorstellung abzuliefern! Sie bespielen Sie bereits, die aufregendste Bühne der Welt: Ihr Leben. Und dabei beherrschen Sie die verschiedensten Rollen – jeder von uns ist Kind, Partner, Profi und Freund, vielleicht auch Chef, Mutter oder Vater in einer Person. Diese Rollen nehmen wir ganz natürlich in verschiedenen Situationen ein. Der Unterschied zum Theater besteht darin, nicht in fremde Rollen zu schlüpfen, sondern die eigenen, lebensrelevanten authentisch auszufüllen, ohne dabei den Kontakt zur eigenen Persönlichkeit zu verlieren.

Kommunikation bedeutet auch Präsentation. Zeigen Sie, was in Ihnen steckt, ob im Job oder privat!

Von der Arbeit im Theater kann man sehr profitieren, wenn man den eigenen Ausdruck verbessern will. Vieles, was ich dort erlernen und erproben durfte, fließt in meine Arbeit ein und hilft nun hoffentlich Ihnen bei der Erreichung Ihrer Ziele.

> Wer sich immer von der besten Seite zeigen will, darf sich nicht immer von der gleichen Seite zeigen!
>
> Sigrid Tschiedl

Sich selbst-bewusst präsentieren

In den vorangegangenen Kapiteln haben Sie viel über Ihre Wirkung, Ausdrucksmöglichkeiten und Ihre persönliche Art zu kommunizieren erfahren. Sie haben also bereits an Ihrem „Selbstbewusstsein" gearbeitet.

Fühlen Sie sich schon bereit für den großen Auftritt? Ob eine Präsentation, ein Date, eine Prüfung oder Verhandlung, wir müssen uns immer wieder präsentieren.

Selbstbewusstsein ist ein entscheidender Faktor für einen erfolgreichen Auftritt und gelungene Kommunikation. Es wirkt auf andere überzeugend, einladend und charmant (siehe auch Kapitel 4).

Kapitel 6 › Sich selbst-bewusst präsentieren

Neben dem Wissen um die eigene Wirkung in der Kommunikation spielt die Einstellung eine große Rolle, wenn es um Selbstbewusstsein geht.

Was sind die Zutaten für ein optimales Selbstbewusstsein?

- Positive Grundeinstellung sich selbst, anderen und der Situation gegenüber.
  Ich sage ja zu mir und bin offen für das, was kommt.
- Wertschätzung den Kommunikationspartnern gegenüber.
  Ich bin anderen gegenüber wohlgesinnt.
- Überzeugt sein von dem, was man zu sagen hat.
  Ich wirke glaubhaft, weil ich weiß, wovon ich rede.
- Vertrauen in die eigenen Fähigkeiten.
  Ich weiß, was ich kann, und stehe dazu.
- Realistisches Selbstbild.
  Ich kenne meine Stärken, Schwächen und Grenzen und respektiere sie.
- Mut zur Persönlichkeit, zum „Anderssein als erwartet".
  Ich bin ich, individuell, einzigartig, und das ist gut so!
- Übung und Erfahrung.
  Jedes überwundene Hindernis macht mich sicherer.

ÜBUNG/SELBSTREFLEXION:

Wie selbstbewusst sind Sie? Unter den oben genannten Punkten befindet sich jeweils ein dazugehöriger Glaubenssatz. Können Sie diese Sätze laut aussprechen? Wie fühlen Sie sich dabei? Je öfter Sie innerlich „Ja" sagen, desto selbstsicherer sind Sie.

Tipp: Die Verinnerlichung von positiven Glaubenssätzen gibt Kraft und hilft dabei, mit schwierigen Situationen besser fertig zu werden. Wiederholen Sie die Sätze (wie oben oder in Ihren eigenen Worten) in Situationen, in denen Sie sich unsicher fühlen. So lenken Sie die Konzentration weg von der Nervosität hin zu Ruhe und Selbstvertrauen.

Die Rolle und ich – eine/r für alle und alle sind ich!

Oft wird kritisiert, dass man im Leben zu viele Rollen spielt und diese ablegen sollte. Ich hingegen finde, man sollte sich mehr mit seinen Rollen auseinandersetzen und diese authentischer und selbstbewusster präsentieren! Es ist ganz klar, was maskenhaft und hohl wirkt, kommt nicht an. Denn wenn Rollen nicht mit der Persönlichkeit dahinter eng verbunden sind, erscheinen sie nicht glaubhaft. Daher ist es wichtig, seine Rollenbilder individuell für sich zu definieren und in Übereinstimmung mit seiner Persönlichkeit zu gestalten. Denn jeder von uns will in verschiedensten Lebensbereichen „eine bedeutende Rolle spielen". Um in dieser zu überzeugen, muss man sich allerdings erst einmal damit beschäftigen.

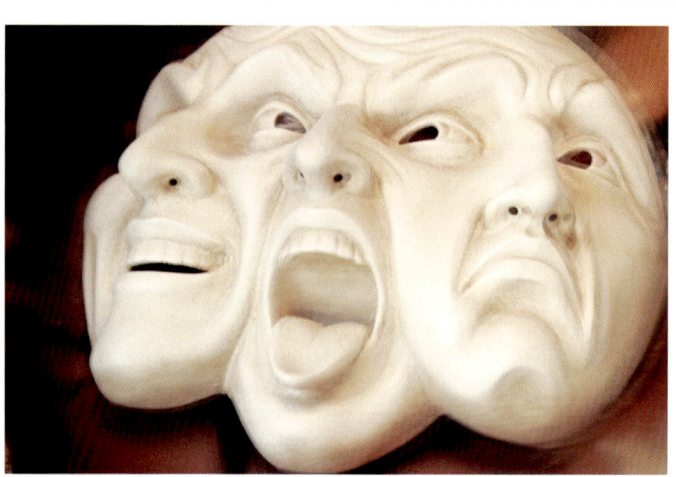

Vielleicht denken Sie im ersten Moment, Sie haben es nicht nötig, sich mit „Rollengestaltung" zu befassen, weil Sie sowieso „so sind, wie Sie sind" und auch so akzeptiert werden wollen. Das ist prinzipiell okay, aber bitte bedenken Sie:

Man kann im Leben alles von verschiedenen Seiten betrachten – auch Sie!

In jeder Situation, wo Sie mit anderen kommunizieren, wird Ihnen auch eine Rolle zugeschrieben, ob Sie wollen oder nicht. Denn, wie wir schon wissen, wir wirken immer (siehe Kapitel 1). Sich der Verantwortung zu stellen, seine Rollen selbstbewusst und -bestimmt auszufüllen, erfordert Mut, macht aber auch Spaß und ist ein spannender Part der Persönlichkeitsentwicklung.

> Rolle bedeutet im Zusammenhang mit Kommunikation verschiedene Seiten bzw. Facetten der eigenen Persönlichkeit situationsspezifisch selbst-bewusst zu zeigen!

Im Gegensatz zum Schauspiel ist es im echten Leben wichtig, dass Sie Ihre Identität in die Gestaltung immer mit einbeziehen. Andernfalls wird die Rolle zur Maske, sie wirkt „aufgesetzt" und unglaubwürdig.

Im schlimmsten Fall macht das Rollenspiel ohne Berücksichtigung der eigenen Persönlichkeit mit ihren Stärken, Schwächen, Wünschen und Bedürfnissen krank. Es kostet jede Menge Energie, über einen längeren Zeitraum Fassaden aufrecht zu erhalten, die nichts mit dem eigenen Stil gemeinsam haben, und führt auch längerfristig nicht zum Erfolg.

Im besten Fall ermöglicht die Auseinandersetzung mit Rollenbildern, dass man ein riesiges Spektrum an Möglichkeiten entwickelt, sich in unterschiedlichen Situationen optimal zu präsentieren.

Ihre Persönlichkeit (ICH) spielt also immer eine Rolle. Sie haben Sie immer mit dabei und sie wirkt – beruflich und privat!

Berufliche Rollen

Berufsbezeichnung
Mitarbeiter/in
Chef/in
Kollege/in
Kunde/in
Verkäufer/in
Anfänger/in
Profi
Berater/in
Arbeitssuchende/r
etc.

ICH

Charakter
Erfahrungen
Werte

Kommunikationsstil
Stärken
Schwächen

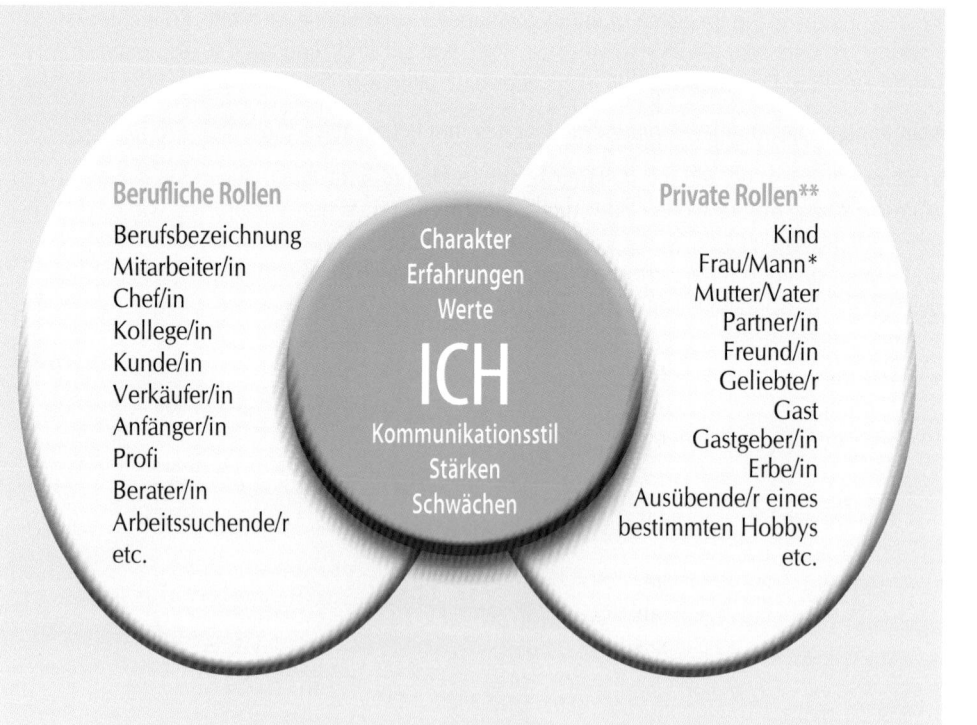

Private Rollen**

Kind
Frau/Mann*
Mutter/Vater
Partner/in
Freund/in
Geliebte/r
Gast
Gastgeber/in
Erbe/in
Ausübende/r eines
bestimmten Hobbys
etc.

Die oben angeführten Rollen stellen lediglich Beispiele dar und sind beliebig erweiterbar.

* Frau und Mann sein sind grundsätzlich Teil der Identität eines Menschen, es werden ihnen aber gesellschaftlich oft bestimmte Rolleneigenschaften zugeschrieben.

** Rollenbilder vermischen und ergänzen sich oft. So ist man mitunter gleichzeitig Kollege und Freund oder agiert beruflich als Gastgeber.

ÜBUNG/SELBSTREFLEXION:

Welche Rollen übernehmen Sie täglich im Leben (beruflich und privat)? Mit welchen davon sind Sie zufrieden? Welche fallen Ihnen leicht? In welchen fühlen Sie sich authentisch und persönlich? In welchen fühlen Sie sich unwohl und wissen nicht genau, was Sie und andere von Ihnen erwarten?

Kapitel 6 ❯ Die Rolle und ich – eine/r für alle und alle sind ich!

Rollen: ja bitte – spielen: nein danke!

Bevor wir uns näher mit Rollengestaltung und Methoden aus dem Theaterbereich befassen, ist es mir wichtig, die Unterschiede zwischen persönlicher bzw. beruflicher Kommunikation und Schauspiel aufzugreifen. Denn das Ziel dieses Kapitels besteht nicht darin, aus Ihnen einen Bühnendarsteller zu machen. Im Gegenteil, die Realität hat durchaus einige Vorteile gegenüber dem Schauspiel:

- Sie müssen nicht jemanden spielen, der Sie absolut nicht sind!

    Wer professionell auf der Bühne steht, muss sich oft mit Rollen auseinandersetzen, die gar nichts mit der eigenen Persönlichkeit zu tun haben.

    Sie hingegen können authentisch verschiedene Seiten Ihrer Persönlichkeit zeigen. Und Sie dürfen auch einmal eine Rolle ablehnen, mit der Sie nichts anfangen können!

- Sie sind Ihr eigener Regisseur!

    Schauspieler haben nicht immer die Chance, Rollen nach ihrem Geschmack zu gestalten. Drehbücher und Regisseure geben ihnen vieles vor.

    Sie hingegen haben selbst die Wahl – je nachdem, was eher Ihrem Typ entspricht, sind Sie dann eben eher eine spontane oder eine organisierte Freundin, ein gemütlicher oder aktiver Partner, ein lockerer oder verständnisvoller Chef ...

    Und Sie dürfen sich auch Zeit lassen, um in eine Rolle hineinzuwachsen!

KOMMUNIKATION
Sigrid Tschiedl | Roman Szeliga

- Sie und Ihr Leben sind real!

    Im Theater werden Situation und Figuren meistens erfunden. Dramaturgen konstruieren Welten, in denen imaginäre Personen imaginäre Geschichten erleben. Je besser sich ein Schauspieler in seine Figur, Geschichte, Umstände und Gefühle hineinversetzen kann, desto überzeugender kann er sie darstellen.

    In Ihrem Leben hingegen ist alles echt. Ihre Gefühle, Lebenssituationen, Kommunikationspartner sind real.

    Das macht Sie auch besonders wertvoll und persönlich bedeutsam.

Dass sich manchmal Gefühle aus der Theaterwelt ihren Weg ins echte Leben suchen, zeigen die vielen Beispiele von Schauspielerpaaren, die sich am Set kennengelernt haben und aus deren Darstellung eines Liebespaares echte Gefühle entstanden sind.

Bei Elizabeth Taylor (1932–2011) und Richard Burton (1925–1984) schienen beispielsweise die Grenzen von echtem Leben und Fiktion zu verschwimmen. Sie waren zwei Mal verheiratet und berühmt für ihre leidenschaftlichen Streitereien und Versöhnungen vor und hinter der Kamera.

> **ÜBUNG:**
>
> Wie sehen Sie sich selbst in verschiedenen Rollen?
>
> Wählen Sie spontan fünf Rollenbilder aus, mit denen Sie sich in Ihrem Leben oft konfrontiert sehen. Nun fügen Sie das Adjektiv hinzu, dass Sie in dieser Rolle am besten beschreibt (z.B. Mutter – liebevoll, Mitarbeiter – gewissenhaft, Partnerin – aktiv, Freund – humorvoll etc.).
>
> Sie können auch noch ein zweites oder drittes Fürwort hinzufügen, achten Sie aber darauf, was Ihnen am wichtigsten ist und reihen Sie die Eigenschaften danach.

Rollenbilder kennenlernen und persönlich gestalten

Im Schauspiel gibt es zahllose Methoden, um sich mit einer Rolle auseinanderzusetzen. Einiges davon kann man auch privat nutzen. Folgende Vorgehensweisen können dabei helfen, sich einem Rollenbild bewusst zu nähern:

- Beobachtung:

    Suchen Sie sich positive Vorbilder für die Basisgestaltung ihrer Rolle. Dabei geht es nicht darum, jemanden zu kopieren, sondern sich Anregungen für die eigene Rollengestaltung zu holen.

    Wen erlebe ich in einer Rolle, die auch in meinem Leben relevant ist? Wie benimmt sich er/sie in dieser Rolle? Was fällt mir daran auf? Welche Eigenschaften besitzt er/sie, die direkt mit dieser Rolle in Zusammenhang stehen? Was an der Ausübung der Rolle gefällt mir?

- Erwartungshaltung überprüfen:

    Definieren Sie die Rolle für sich. Halten Sie fest, wie Sie die Rolle sehen, welche Meinung Sie dazu haben und welche Facetten Ihnen besonders wichtig sind.
    Was für eine Art ... (z.B. Chef, Mutter, Partner) will ich sein? Habe ich die Fähigkeiten dazu schon oder ist es notwendig, sie sich anzueignen?

- Identifikation/Visualisierung:

    Versuchen Sie sich in die Rolle hineinzuversetzen und nehmen Sie wahr, wie Sie sich fühlen. Stellen sie sich eine Situation vor, in der Sie diese Rolle einnehmen und darin agieren.

    Was verändert sich? Welche Eigenschaften an mir treten plötzlich stärker zutage, welche rücken in den Hintergrund? Wie denke ich, dass andere mich nun plötzlich sehen? Was strahle ich aus?

Wie sich Hollywood-Größen auf ihre Rollen vorbereiten

Auf seine Rolle im Film „Taxi Driver" von Martin Scorsese bereitete sich Robert de Niro vor, indem er einen Monat lang als Taxifahrer in New York tätig war.

Eines seiner bekanntesten Zitate lautet: „Ich könnte auch ein Schnitzel spielen!"

Donald Sutherland ließ sich für seine Rolle in Fellinis „Casanova" vier Backenzähne ziehen, Andréa Ferréol nahm für „Das große Fressen" satte 20 kg zu. Daniel Day-Lewis lernte für seinen „Lederstrumpf" im Wald zu leben, nahm erlegtes Wild aus und häutete es.

Kapitel 6 › Situationen in Eigenregie übernehmen

ÜBUNG:

Wählen Sie ein beliebiges Ihrer Rollenbilder aus und schreiben Sie es mitten auf ein Blatt Papier. Nun beantworten Sie sich bitte schriftlich folgende Fragen:

- Was erwarte ich mir von dieser Rolle (als Außenstehender)? Wie sollte man als ...... sein (Fähigkeiten, Eigenschaften – rund um das Rollenbeispiel notieren)?
- Kenne ich jemanden, der für mich diese Rolle überzeugend verkörpert? Was macht er/sie glaubhaft? Was würde ich anders machen (Beispiel am Blattrand notieren)?
- Was bringe ich in diese Rolle ein? Welche meiner persönlichen Eigenschaften kommen gut zur Geltung (Fähigkeiten, die schon notiert sind, unterstreichen, andere hinzufügen)?
- In welcher Situation war ich schon einmal in dieser Rolle? Wie habe ich mich selbst wahrgenommen? Wie haben mich andere gesehen (Situation als Überschrift notieren, Rückmeldungen darunter)?

Sie können die Übung mit verschiedenen Rollen wiederholen und so mehr über sich erfahren und Ihre Rollenbilder aktiv gestalten!

Tipp: Wenn Sie eine Ihrer Rollen auf die Dauer anstrengt oder ermüdet, dann sollten Sie sich fragen, ob es sich nicht doch um eine Maske handelt, die mit Ihrer Persönlichkeit wenig zu tun hat! Achten Sie immer auf Authentizität!

Situationen in Eigenregie übernehmen – definieren, probieren, improvisieren

Eine der am häufigsten gestellten Fragen in meinen Kommunikationsseminaren ist: „Wie soll ich mich in dieser Situation verhalten?"

Oft wissen wir nicht, was wir sagen, tun, wie wir uns zeigen sollen.

Welche Rolle Sie einnehmen und was Sie von sich präsentieren wollen, liegt bei Ihnen. Dazu müssen Sie sich zuallererst mit der Situation, in der Sie sich befinden, und der Position, die Sie einnehmen wollen, beschäftigen.

Dann soll geübt und geprobt werden und schließlich darf es auch noch Spaß machen und einen weiterbringen.

Je mehr Sie sich mit Ihren Möglichkeiten und den Umständen der Situation auseinandersetzen, desto mehr Gestaltungsauswahl haben Sie!

1. Definieren – die Situation einschätzen

Ein geflügeltes Wort in Schauspielerkreisen lautet: „Keine Details bitte, welches Stück?" Denn zuallererst geht es um die Einschätzung einer Situation, um zu entscheiden, welche Rolle gerade gefragt ist. Die richtige Darstellung erfordert auch den richtigen Moment.

Fragen zur Situation:
- Um welche Situation/Umstände handelt es sich? Wie sehen Sie die Situation?
- Welches Verhalten halten Sie gerade für angemessen?
- Welche Rahmenbedingungen gibt es? Wie ist die Atmosphäre?
- Fühlen Sie sich in die Situation ein, wie geht es Ihnen, wie den anderen, die daran beteiligt sind? Was wird Ihrer Ansicht nach passieren?

2. Probieren – die Präsentation anlegen und üben

Alles, womit man sich schon einmal auseinandergesetzt hat, überrascht einen weniger. Bedenken Sie, dass Schauspieler oft vier bis fünf Wochen Probenzeit haben, bevor sie ihre Arbeit einem Publikum präsentieren. In der Realität haben wir selten eine Chance auf lange Probezeiten, es sei denn, wir machen uns Dinge bewusst und üben sie.

Dazu gehört auch, sich mit der eigenen Wirkung und Absicht in einer Situation zu beschäftigen. Tatsächlich ist es so, dass man in einem geschützten Rahmen, z.B. mit Freunden, aber auch allein vor dem Spiegel, Situationen gut durchprobieren kann und so nicht darauf warten muss, seine „Lektionen" nur vom Leben zu lernen.

Probieren bedeutet auch, dass man Fehler machen darf. Seien Sie also nicht zu streng mit sich und lassen Sie sich nicht entmutigen, wenn es nicht gleich beim ersten Mal klappt!

Fragen zur Präsentation:
- Welche Ihrer Eigenschaften, Persönlichkeitsfacetten ist hier gefragt?
- Was erwartet man von Ihnen?
- Was wollen Sie von sich zeigen? Worum geht es Ihnen? Was wollen Sie vermitteln? Was ist das Ziel Ihres Verhaltens?
- Wie wollen Sie sich dabei/nachher fühlen? Wie sollen sich die anderen dabei fühlen?
- Wie viel Risiko wollen/können Sie eingehen? Wie viel Aufmerksamkeit wollen Sie auf sich ziehen?

3. Improvisieren – für Einflüsse von außen offen sein

Ja, Situationen, in denen man sich schon einmal befunden hat, kann man besser nachvollziehen und ist das nächste Mal besser darauf vorbereitet. Aber Situationen laufen nicht immer gleich ab. Es gibt immer unbekannte Faktoren in der Kommunikation, auf die man sich spontan einstellen muss.

Improvisation bringt Flexibilität und Abwechslung in Präsentation und Ausdruck.

> **Improvisation** bedeutet, etwas ohne Vorbereitung, aus dem Stegreif dar- oder herzustellen. Im allgemeinen Sprachgebrauch versteht man unter Improvisation auch den spontanen praktischen Gebrauch von Kreativität zur Lösung auftretender Probleme.
>
> http://de.wikipedia.org/wiki/Improvisation

Leisten Sie durch Ihr Verhalten einen klaren Beitrag von Ihrer Seite zum Geschehen, bleiben Sie aber aufnahmefähig für die Signale anderer. Anderenfalls wird Ihr Verhalten zur „One-Man-/-Woman-Show", es wirkt starr und es entsteht kein Austausch mit den Kommunikationspartnern. Was perfekt ist, wirkt schnell langweilig!

Improvisation bewirkt Lockerheit und Druckabbau. Wichtige Ressourcen dafür bilden persönliche Erfahrungen und jede Menge Übung (siehe auch Kapitel 5 – Humor)!

Fragen zur Improvisation:

- Was sehen/hören/fühlen Sie im Moment? Welche spontanen Assoziationen entstehen? Was können Sie von dem, was vorhanden ist, unmittelbar nutzen?

Vergessen Sie nicht:

Sie dürfen Angst haben – und sie überwinden! ☺

Sie dürfen Fehler machen – und daraus lernen! ☺

Sie dürfen Schwächen haben – und Stärke zeigen! ☺

Improvisation bedeutet Kreativität, Flexibilität und zeigt Persönlichkeit

> **ÜBUNG:**
>
> Gehen Sie für Sie wichtige Gesprächssituationen oder Präsentationen mit Menschen Ihres Vertrauens vorher durch.
>
> Stellen Sie sich die Situation vor, auf die Sie sich vorbereiten wollen (z.B. ein Vorstellungsgespräch, ein Kennenlernen). Lassen Sie sich auf ein Rollenspiel ein, in dem Sie die oben angeführten Punkte vorher für sich klären und dann einfach drauflos üben. Ihr Kommunikationspartner wird automatisch die mit ihm abgesprochene Rolle auf seine Art einnehmen und Ihnen so eine „Anspielfläche" und Reflexion bieten. Selbst wenn er/sie sonst kein „Personalverantwortlicher", „Fachpublikum" oder „der/die Unbekannte von Nebenan" ist. Es geht darum, Ihnen eine Rückmeldung auf Ihre Wirkung zu geben und darum können Sie im geschützten, respektvollen Rahmen für den „Ernstfall" probieren und so Sicherheit gewinnen.
>
> Fragen Sie am Ende der „Probe" nach, wie Sie angekommen sind. Überlegen Sie, was Sie verbessern können, und starten Sie nach einer kurzen Analyse den nächsten Versuch!

Tipp: Versuchen Sie bei Proben und Auftritten hemmende Persönlichkeitsanteile wie den inneren „Kritiker", „Skeptiker" oder „Perfektionisten" außen vor zu lassen. Bei unbekannten Versuchen und Wagnissen sind sie meistens nicht sehr hilfreich! Sie können sie aber später nach ihrer Sie wertschätzenden Meinung fragen! ☺

Dem Publikum eine Chance geben!

Vor oder mit unbekannten Personen zu sprechen oder etwas vor Publikum zu präsentieren, ist vielen Menschen ein Gräuel. Wir versuchen also, solche Situationen so gut wie möglich zu vermeiden. Wir fühlen uns nicht gerne unsicher oder beobachtet. Dabei wünschen wir uns doch andererseits, dass uns Interesse und Anerkennung entgegengebracht werden.

Großen Einfluss auf das Selbstbewusstsein hat unser Publikum, das uns genau in unserer Rolle wahrnimmt. Werden Sie nervös, wenn Ihnen die eigene Mutter beim Kochen zusieht? Bekommen Sie feuchte Hände, wenn qualifizierte Kollegen Ihren Vortrag besuchen? Verwirrt es Sie, wenn viele Augen auf Sie gerichtet sind? Haben Sie Angst vor dem, was andere über Sie denken? Wie soll man sein Gegenüber einschätzen?

Es gibt zwei Hauptgründe, warum wir großes Publikum und unbekannte Kommunikationspartner meiden:

- **Der kritische Vergleich:**

    Wenn wir in der Kommunikation Menschen im gleichen Rollenbild begegnen, neigen wir besonders zu Vergleichen. Diese sind meistens (selbst-)kritisch oder geprägt von Konkurrenzgedanken und machen es so schwer, offen und positiv eingestellt zu bleiben. Vergleiche allein bringen uns aber nicht weiter! Es gibt immer jemanden, der besser oder schlechter ist als man selbst. Vergleiche eignen sich zum Relativieren von Situationen, sie machen aber meistens nicht glücklich.

    Der Faktor „Persönlichkeit" kann dabei helfen, den Blickwinkel auf uns selbst und unser Publikum etwas zu verändern.

Kapitel 6 > Dem Publikum eine Chance geben!

Den anderen so wahr- und anzunehmen, wie er/sie ist, also auf seinem Entwicklungsstand abzuholen und ohne Vergleich wertzuschätzen, bringt uns auf eine gemeinsame Ebene des Respekts und ermöglicht dort kommunikativen Austausch.

Das Motto lautet: „Individualität statt Konkurrenz": Ich bin in vielen Punkten anders als du, du bist in vielen Punkten anders als ich! Und was wir gemeinsam haben, soll uns verbinden anstatt uns zu trennen!

- **Die Angst vor Be- und Verurteilung:**

    Wer auf andere wirkt, erzeugt auch eine Meinung. Ihr Auftreten, was Sie sagen und wie Sie es vermitteln, wird in irgendeiner Form von anderen bewertet. Je größer das Publikum, egal ob öffentlich oder privat, desto mehr Meinungen werden Ihnen entgegengebracht werden. Klar ist, dass man es nicht allen recht machen kann. Kritik bleibt oft nicht aus. Dabei sind wir doch meistens selbst unsere schärfsten Kritiker, weil wir unsere Schwächen am Besten kennen.

    Kritik kann Ansporn zur Verbesserung sein (z.B. inhaltlich). Sie kann aber auch eine Entwertung der Persönlichkeit darstellen, die man nicht akzeptieren muss, oder sie ist möglicherweise einfach nur eine enttäuschte Erwartungshaltung. (Umgang mit Kritik und Feedback geben, siehe Kapitel 8).

    Versetzen Sie sich in die Lage des Publikums bzw. Kommunikationspartners. Fragen Sie sich, ob Sie aus dieser Perspektive gesehen von Ihren Inhalten und Ihrer Darstellung überzeugt wären. Haben Sie Ihr Bestes gegeben? Das Stichwort lautet wieder einmal Kongruenz – haben innere und äußere Haltung übereingestimmt? Wenn ja, haben Sie getan, was in dieser Situation möglich war.

    Wenn Sie mit sich selbst trotzdem nicht zufrieden

sind, schauen Sie bitte nach vorn und richten Sie Ihren Blick auf Verbesserungspotenzial in Ausdruck und Darstellung.

Gehen Sie aber rücksichtsvoll mit sich und Ihren Gefühlen um und kritisieren Sie nicht grundsätzlich Ihre Persönlichkeit. Wir sind oft zu uns selbst strenger als andere. Das demotiviert und verhindert neue Versuche, die für eine Weiterentwicklung notwendig sind.

Respekt und Achtung anderen gegenüber erfordern auch Respekt und Achtung sich selbst gegenüber!

Eine generelle Theaterweisheit besagt, dass sich Zuschauer von zwei Dingen am meisten in den Bann ziehen lassen:

- von der Überzeugung, mit der Sie auftreten – woran Sie wirklich glauben; wovon Sie überzeugt sind, wirkt glaubhaft und authentisch!
- Von der wertschätzenden Kontaktaufnahme mit dem Publikum – wer sein Publikum liebt, wird von ihm geliebt!

Wenn Ihr Publikum etwas von Ihnen bekommt, möchte es in der Regel auch etwas zurückgeben. Es kann eine wunderbare Erfahrung sein, diese Art von Kommunikation zu erleben. Wagen Sie den Schritt und nehmen Sie den Kontakt auf.

> Das Publikum will weder über- noch unter-, sondern wertge-schätzt werden!
>
> Sigrid Tschiedl

Auf Sendung gehen – selbstbewusst präsent sein

Wir sind oft sehr zurückhaltend in der Präsentation. Obwohl wir es gerne hätten, dass man unsere guten Seiten sieht, zeigen wir sie nicht deutlich.

Generell gilt: Was ich nie gesendet habe, kann auch nicht ankommen!

Auch in der Kommunikation geht es darum, dass unser Gegenüber klar merkt, dass er bzw. sie angesprochen ist!

Präsent sein bedeutet, den Kontakt zu sich und dem Publikum herzustellen und nicht zu verlieren.

Nur wer *präsent* ist, wird wahrgenommen.

> **ÜBUNG:**
>
> Stellen Sie sich entspannt auf beiden Beinen aufrecht hin, Arme und Hände hängen locker neben dem Körper. Versuchen Sie (bei gerader Körperhaltung) alles loszulassen; keine Spannung im Körper, in den Beinen, Armen, im Gesicht, im Kopf. Versuchen Sie, in sich selbst hineinzuschauen, ganz bei sich zu sein, geschützt und entspannt. Nun atmen Sie tief in den Bauch ein und stellen sich vor, dass dort ein Licht ist. Zuerst ist es klein, aber es ist stark. Es hat Energie und breitet sich aus. Das Licht erzeugt Spannung, zuerst im Rumpfbereich, dann in den Beinen. Jetzt wandert das Licht wie ein elektrischer Impuls in die Arme, über Brust und Hals. Die Arme heben sich zu einer großen, kraftvollen Geste. Die Handflächen sind nach oben gerichtet, die Spannung wandert bis in die Finger. Im gesamten Gesicht breitet sich ein Lächeln aus. Der Blick kehrt sich von innen nach außen. Strahlen Sie mit Ihrem Licht und seiner gesamte Energie so weit, wie Sie es vermögen. Füllen Sie damit den ganzen Raum und darüber hinaus.
>
> Alle Kommunikationskanäle sind nun auf „Senden" eingestellt.

Die Übung eignet sich hervorragend für eine Bühnenpräsentation (mit einem konkreten Motivationssatz oder Thema als „Licht", das ausgestrahlt wird), aber auch vor wichtigen Gesprächen oder einfach zur Selbstaktivierung bzw. -motivation!

Oft ist man besonders in seiner Nervosität und Unsicherheit präsent, weil man gerade dann mit seinen Gefühlen in Kontakt steht und sehr authentisch ist. Daher werden oft genau diese Momente von anderen bemerkt ...

Lampenfieber, na und?

Ob bei einer Präsentation, vor einem wichtigen Gespräch oder einer Begegnung mit etwas bzw. jemand Unbekanntem, die Nervosität vor dem „Auftritt" ist wohl niemandem fremd. Langjährige „Showhasen" kennen Sie ebenso wie Bühnenneulinge.

Wie bei so vielen Dingen, die uns unbekannt oder unangenehm sind, versuchen wir also, das Lampenfieber zu vermeiden.

Dabei übersehen wir, dass der Nervenkitzel vor dem Start erstens ganz normal und zweitens reinste Energie ist, die man positiv nutzen kann. Nervosität ist die Spannung, die entsteht, wenn wir zwischen Flucht und Angriff schwanken. Davonlaufen können wir in der Regel nicht, und so bleibt uns nur, uns der Situation zu stellen.

Das Geheimnis heißt: Nicht gegen die Nervosität, sondern mit der Nervosität arbeiten!

Lampenfieber bedeutet Aufmerksamkeit und Anspannung, die sagt, dass einem das Kommende nicht egal ist. Das Ziel besteht darin, diese Kraft nach außen zu transportieren und in ein Gespräch oder eine Präsentation zu leiten.

Erkennen Sie die Möglichkeiten der Nervosität und lernen Sie, sie zu nutzen.

Vor dem „Auftritt" – gut selbstmotiviert ist halb präsentiert!

Stimmen Sie sich auf das Kommende ein. Nehmen Sie sich nach Möglichkeit ein paar Minuten Zeit, um folgende Übungen zu machen. Mit der Zeit werden sie zur angenehmen Routine und die Nervosität immer geringer.

Übung	Umsetzung	Effekt
Dehnen, strecken und schütteln	Stellen Sie sich aufrecht hin. Ziehen Sie nun das Kinn zur Brust (der Rücken bleibt gerade) und fühlen Sie die Dehnung im Schulter-/Nackenbereich. Machen Sie sich so groß wie möglich. Strecken Sie die Arme nach oben, stellen Sie sich auf die Zehenspitzen und versuchen Sie die Decke zu erreichen. Atmen Sie ein und lassen Sie beim Ausatmen den Oberkörper fallen. Richten Sie sich langsam auf, Wirbel für Wirbel; der Kopf hebt sich zuletzt. Schütteln Sie nun einzeln Arme und Beine gut aus.	Wahrnehmen des Körpers, Verbesserung der Haltung, Energieverteilung auf den ganzen Körper, Lockerung.
Butoh-Hara finden – die Mitte suchen	Breitbeinig gehen Sie etwas in die Knie (jap. Hara-Stand genannt). Nun wandern Sie mit den Fingern vom Nabel abwärts, wobei Sie immer leichten Druck auf die Bauchdecke ausüben, bis Sie jene Stelle finden, an der sich der Druck etwas unangenehmer anfühlt. Sie haben Ihr Gravitationszentrum, die Körpermitte, gefunden (unterschiedlich 2–6 Finger breit unter dem Nabel gelegen).* Massieren Sie den Punkt vorsichtig. Atmen Sie an der Körpervorderseite ein und an der Rückseite aus. *Die Suche nach der Körpermitte kann auch im Liegen stattfinden. So findet man sie anfänglich oft einfacher.	Inneres Gleichgewicht fördern, Zentrum für Atem, Gestik und Ausdruckskraft finden.
Summen	Legen Sie eine Hand auf Ihren Brustkorb, eine auf Ihre Körpermitte (siehe vorherige Übung). Nun atmen Sie tief ein (mit den Gedanken zur unteren Hand) und beginnen in einer angenehmen Stimmlage zu summen. Verändern Sie nach Belieben Stimmhöhe und Lautstärke des Summens und spüren Sie die Vibrationen in Hals und Brustkorb. Achten Sie auf eine aufrechte Haltung und entspannte Atmung!	Allgemein beruhigender Effekt gegen Nervosität, Stimme wird entlastet, entspannt und für die bevorstehende Aufgabe „aufgewärmt".

Übung	Umsetzung	Effekt
Kraftsätze	Wenn man etwas lange genug gesagt bekommt, dann glaubt man es auch, richtig? Dann sagen Sie sich doch vor jeder Situation, die Ihnen Angst einflößt: „Ich kann das! Ich schaffe das! Ich stehe voll hinter mir!" (Weitere Kraftsätze siehe oben.)	Verbessert das Selbstbewusstsein und bringt den „inneren Kritiker" zum Schweigen.
Haltung innen und außen	Richten Sie sich bewusst auf. Dazu denken Sie sich, dass sich aus Ihrem Kopf ein Faden zur Decke zieht. Der Kopf bleibt gerade. Aus dem Brustbein zieht Sie ein Faden nach vorne, die Schulterblätter werden wie durch zwei Fäden sanft nach hinten, unten gezogen. Atmen Sie tief ein – denken Sie dabei zuerst in Richtung Körpermitte – und langsam aus. Denken Sie dabei an die Haltung zu Ihrer Präsentation und die Einstellung, die Sie ausstrahlen möchten. Funktioniert übrigens auch im Sitzen! (An dieser Stelle eignet sich auch die Übung „auf Sendung gehen", siehe oben.)	Einstellen auf die kommende Situation, Körperspannung, aktivierend.
Grundposition suchen	Selbstsicherheit beginnt auf beiden Beinen! Stellen Sie sich so hin, dass die Füße hüftbreit auseinander stehen. Strecken Sie die Knie nicht ganz durch, sodass Sie locker und flexibel stehen. Die Hände befinden sich vor der Körpermitte (siehe oben), die Handflächen sind nach oben gedreht und liegen z.B. locker ineinander. So stehen sie für die Gestik jederzeit zur Verfügung. Hier sind die Hände übrigens immer sicher, wenn Sie mal nicht wissen, wohin damit!	Sich „startbereit" machen; das Einnehmen der Grundposition gibt Sicherheit und hilft z.B. wenn man den Faden verloren hat bzw. ein neues Thema ansprechen möchte.

Tipp: Haben Sie schon einmal daran gedacht, dass eine Auftritts- oder Prüfungssituation den Blick nicht nur auf Ihre Schwächen, sondern besonders auf Ihre Stärken und Fähigkeiten lenkt?

Ein **Beispiel**:

Eine ehemalige Mitschülerin hat mich einmal sehr verblüfft, als sie mir erklärte, sie freue sich auf die Matura, weil sie viel gelernt und nun endlich die Möglichkeit hätte, zu präsentieren, was sie alles wüsste. „In den 20 Minuten müssen sie mir zuhören", sagte sie. So kann man die Sache auch betrachten! ☺

Präsentationsbeginn – von der inneren Einstellung zur äußeren Darstellung

„Aller Anfang ist schwer!", heißt es. Vielleicht, aber wenn Sie den hinter sich haben, geht der Rest wie von selbst!

Mit den folgenden Übungen wird Ihnen der Beginn eines Gespräches oder einer Präsentation jedes Mal ein wenig leichter fallen.

Übung	Umsetzung	Effekt
Vorbereitung – Grundposition suchen	(siehe Übung S. 149)	
A – (Aus-)Atmen	Atmen Sie einmal ein und besonders bewusst aus!	Die Stimme rutscht an den richtigen Platz, die Schultern senken und der Körper entspannt sich.
B – Blickkontakt	Richten Sie den Blick auf Ihr Publikum oder Ihren Kommunikationspartner. Suchen Sie sich am besten eine oder zwei Personen im Publikum aus, die Ihnen wohlgesonnen erscheinen und Sie z.B. aufmunternd anlächeln oder interessiert wirken. Das gibt zusätzlich Sicherheit. Mit der Zeit können Sie dann Ihren Blick schweifen lassen.	Zeigt an, dass Sie Kontakt mit den Kommunikationspartnern aufnehmen, Signal an Ihre Zuhörer, Ihnen nun ihre Aufmerksamkeit entgegenzubringen.
C – Coming (Entgegengehen)	Machen Sie einen Schritt auf Ihr Publikum zu.	Körpersprachliches Signal, dass Ihre Präsentation beginnt.

Kapitel 6 › Präsentationsbeginn

151

Übung	Umsetzung	Effekt
D – Dirigieren (Gestik)	Lassen Sie Ihre Arme und Hände die folgenden Worte gestisch unterstreichen, heben Sie sie sozusagen hervor.	Unterstützt die folgenden Worte und wirkt aktiv.
E – erste Sätze sprechen	Bereiten Sie die ersten Sätze Ihrer Präsentation wortwörtlich vor. Allerdings nur den absoluten Beginn. Bereits nach wenigen Sätzen ist nämlich die Energie des Lampenfiebers verflogen und Sie können sich entspannt dem weiteren Verlauf Ihrer Präsentation widmen.	
...L – Lächeln nicht vergessen ☺	☺	☺

„Jedem Anfang wohnt ein Zauber inne!"

Hermann Hesse

Die Punkte C bis E passieren üblicherweise beinahe gleichzeitig. Es ist lediglich zu Übungszwecken sinnvoll, sie zu trennen und einzeln zu erproben.

Insgesamt dauert der Beginn einer Präsentation nur wenige Augenblicke. Man sollte sich dafür aber in jedem Fall Zeit nehmen. Denn auch die Zuhörer brauchen einen Moment, um sich auf Sie einzustellen.

Bereits nach wenigen Sätzen ist die Nervosität des Lampenfiebers verflogen.

Übung macht den Meister! Bitte stellen Sie sich so oft wie möglich den Herausforderungen der Präsentation.

> **ÜBUNG:**
>
> Gehen Sie die Punkte vom Beginn (A bis E) einer Präsentation zuerst einzeln durch. Dann verbinden Sie sie und proben vor dem Spiegel folgende kurze Präsentation:
>
> *Herzlich Willkommen, mein Name ist ...*
>
> *Freuen Sie sich mit mir auf die kommende Präsentation!*
>
> Wie lange dauert diese Startsequenz? Ist es schwierig, keinen Punkt zu überspringen bzw. sich einige Momente Zeit zu nehmen, bevor Sie zu sprechen beginnen?
>
> Bitte versuchen Sie, diese Spannung auszuhalten. Mit der Zeit kann man sie sogar genießen lernen, denn Vorfreude ist ja bekanntlich die schönste Freude, das gilt auch für eine Präsentation! ☺

An dieser Stelle fällt mir eine kleine **Anekdote** aus dem Theaterleben ein, die sehr gut zeigt, wie wichtig es ist, sich nicht aus der *Ruhe* bzw. *Rolle* bringen zu lassen:

Als junge Regieassistentin hatte ich einmal die Ehre, mit einem bekannten älteren und sehr erfahrenen Schauspieler zusammenzuarbeiten. Gespielt wurde „Der Ölprinz – Winnetou II" von Karl May auf einer großen Freiluftbühnenshow mit vielen Pferden, Statisten und Action. Ich war hoch motiviert und wollte selbstverständlich alles richtig machen. Bei den Proben hatte ich unter anderem die Aufgabe, die Dialogtexte mitzulesen und bei Bedarf zu soufflieren. Der besagte Schauspieler, er spielte die Hauptrolle des Ölprinzen „Mr. Grinley", nahm es hingegen mit dem Text nicht so genau.

Er dichtete oft irgendetwas vor sich hin, das zwar meistens inhaltlich zum Stück passte, aber in keiner Weise im Textbuch vorkam. Ich war oft knapp vor dem Verzweifeln: „Entschuldigen Sie bitte, aber das steht hier nicht. Könnten Sie bitte ... die Kollegen brauchen doch ihre Stichworte für die Anschlusstexte, und die Technik muss doch wissen, wann sie die Effekte starten soll ..." „Keine Sorge, ich mach das schon, ich mach das schon!", sagte er dann meistens darauf. Das beruhigte mich zwar wenig, aber immerhin konnten wir uns im Laufe der Proben darauf einigen, dass er sich weitgehend an die Anschlussstichwörter für die Dialogpartner hielt.

Während der darauf folgenden Vorstellungen saß ich immer wie gebannt auf dem Beleuchtungsturm und verfolgte mit Spannung das Bühnengeschehen. Der routinierte Schauspieler stellte „Mr. Grinley" sehr überzeugend dar. Trotz der einen oder anderen „freien Textinterpretation" ging er ganz in der Rolle auf. Dann kam es zu einer Schlüsselszene im Stück: Der Ölprinz stand mit schwarzem Hut und Pistole in mächtiger Pose auf einem Hochplateau der Bühne vor seinem Ölturm und sah verächtlich hinunter auf Old Shatterhand, der ihn zur Rede stellen wollte. Absolut selbstbewusst sagte er abfällig: „Na, was sagen Sie nun, Grinley? Ach nein, ICH bin Grinley, Sie sind irgendjemand anderes!"

Mir wurde heiß und kalt, ich wusste nicht, ob ich lachen oder schreien sollte. Das war die absolute Katastrophe. Zu meinem grenzenlosen Erstaunen schien der grobe Fehler aber absolut niemandem im Publikum aufgefallen zu sein. Beide Schauspieler blieben konzentriert in ihren Rollen und Körperhaltungen. Nach einer kleinen dramatischen Kunstpause, in der ungefähr 1000 Zuschauer und ich aus offensichtlich ganz unterschiedlichen Gründen gespannt

Ihr gelungener Auftritt durch

...selbstbewusste Haltung und Blickkontakt

... lebendige Mimik und Gestik

...offene Körpersprache und Persönlichkeit

den Atem anhielten, fuhr Old Shatterhand mit dem Dialogtext fort und die Show ging weiter, als wäre nichts gewesen.

Rückblickend finde ich diese Anekdote sehr witzig und interessant, weil sie mir verdeutlicht hat, dass Kleinigkeiten nicht den guten Gesamteindruck negativ beeinflussen, wenn Selbstbewusstsein und Überzeugungskraft stimmen!

Balance durch Vielfalt und Emotion

Wir haben alle viele Talente, die entdeckt werden wollen, und Facetten, die darauf warten, gezeigt zu werden. Niemand würde von sich behaupten, dass er immer ruhig, gelassen oder gut gelaunt ist. Persönlichkeit bedeutet Vielfalt – in Ausdruck und Emotion!

Trotzdem reduzieren wir uns selbst oft auf wenige allgemeine Rollen und eine einseitige Darstellung der eigenen Persönlichkeit, die wenig variiert und in vielen Situationen so ungefähr passt, meistens nirgends 100%-ig, aber auch nicht gar nicht. Sie ist praktisch und wird irgendwann nicht weiter hinterfragt. „Man ist eben so!"

So werden wir schnell auf wenige Rollen reduziert und selten besonders wahr- oder ernstgenommen. Diese Methode ist verhältnismäßig sicher, aber auch langweilig und vorhersehbar.

In Realität und Film ist es oft so, dass Menschen mit einer bestimmten Rolle in Verbindung gebracht werden. Man kann sich dann kaum vorstellen, dass der strenge Firmenchef zuhause ein liebevoller Familienvater ist. Oder dass die immer lachende Kollegin aus der Nachbarabteilung auch ernst sein kann.

Romy Schneider hatte ihr Leben lang damit Probleme, nur mit ihrer Rolle „Sissy" assoziiert zu werden. Und auch Komiker können an Depressionen leiden.

Wenn wir im alltäglichen Leben Menschen Rollen zuschreiben, sind wir oft überrascht oder sogar vor den Kopf gestoßen, wenn wir andere Seiten dieser Person zu „Gesicht bekommen".

Dabei besitzt jeder Mensch diese Vielseitigkeit.

Eine allzu einseitige Darstellung der eigenen Person führt dazu, dass andere Seiten der Persönlichkeit nie oder nicht genug zur Geltung kommen.

Kapitel 6 › Balance durch Vielfalt und Emotion

Der Weg zur persönlichen, ganzheitlichen Kommunikation führt über die Balance. Kommunikation und Präsentation bedeutet immer Geben und Nehmen, Sprechen und Zuhören, Nähe und Distanz. Es besteht immer ein Wechselspiel zwischen zwei positiven Polen. Beide Seiten haben ihre Berechtigung.

Stark und anziehend wirkt, wer ausgeglichen ist. Die Herausforderung besteht darin, Rollenbilder und damit verbundene Gefühle im Gleichgewicht zu halten.

Wer immer fleißig und angespannt ist, muss auch einmal faul und locker sein dürfen. Wer immer organisiert und korrekt ist, darf sich erlauben, mitunter auch spontan und schlampig zu sein – und umgekehrt!

Gefühle sind Tatsachen! Wer sie längerfristig ignoriert und unterdrückt, entwertet sich ständig selbst. Das macht auf die Dauer krank und unglücklich.

Natürlich geht es neben emotionalen Aspekten bei Außenwirkung und Präsentation auch ganz klar um Rücksicht auf andere und Inhalte.

Wer als Lehrer, Abteilungsleiter oder Elternteil auftritt, kann nicht ständig seine innerste Gefühlswelt offenbaren. Dennoch dürfen diese Emotionen nicht permanent unterdrückt werden. Es erfordert oft mehr Kraft, gegen ein Gefühl anzukämpfen oder es zu ignorieren, als es für eine Weile zuzulassen und sich dann wieder anderen Dingen widmen.

> Balance, Ausgleich und Selbstreflexion sind der Schlüssel zu Abwechslung, Weiterentwicklung und Zufriedenheit!
> Kommunizieren und präsentieren bedeutet lebendig gestalten!
> Enjoy the show! ☺
> Sigrid Tschiedl

Was wir an uns selbst nicht zulassen, erkennen wir auch oft bei anderen nicht mehr an. Dadurch wird die Kommunikation miteinander belastet.

Die Fähigkeit, mit den eigenen Gefühlen in wohlmeinendem Kontakt zu stehen, sie zu respektieren, auch wenn man sie nicht immer ungefiltert zulassen kann, ist die Voraussetzung dafür, um authentisch zu wirken!

Finden Sie Situationen in Ihrem Leben, in denen auch andere Rollen und Gefühle zur Geltung kommen können. Wo dürfen Sie frei und unbekümmert sein? In welcher Umgebung können Sie sich wichtig und gebraucht fühlen? Wo können Sie Ihre Aggressionen abbauen? In welcher Umgebung dürfen Sie einmal schwach und anlehnungsbedürftig sein? Wofür haben Sie im Beruf die Verantwortung, zu Hause aber nicht? Wo ist es umgekehrt? Wofür müssen Sie sich sehr anstrengen, was fällt Ihnen im Gegenzug leicht?

Ihr Typ ist gefragt! – Nutzen Sie Ihr individuelles Ausdrucksspektrum!

Ob beim Vorstellungsgespräch, in der Präsentation oder im persönlichen Gespräch: Gefragt ist, was Sie unverwechselbar macht. Stellen Sie Ihre Stärken und Fähigkeiten in den Mittelpunkt und wählen Sie aus Ihrem eigenen, unverwechselbaren Rollenrepertoir.

Kapitel 7

Zwischen-*menschlich* kommunizieren – ganzheitlich und wertschätzend!

KOMM**UNIKAT**ION

Sigrid Tschiedl | Roman Szeliga

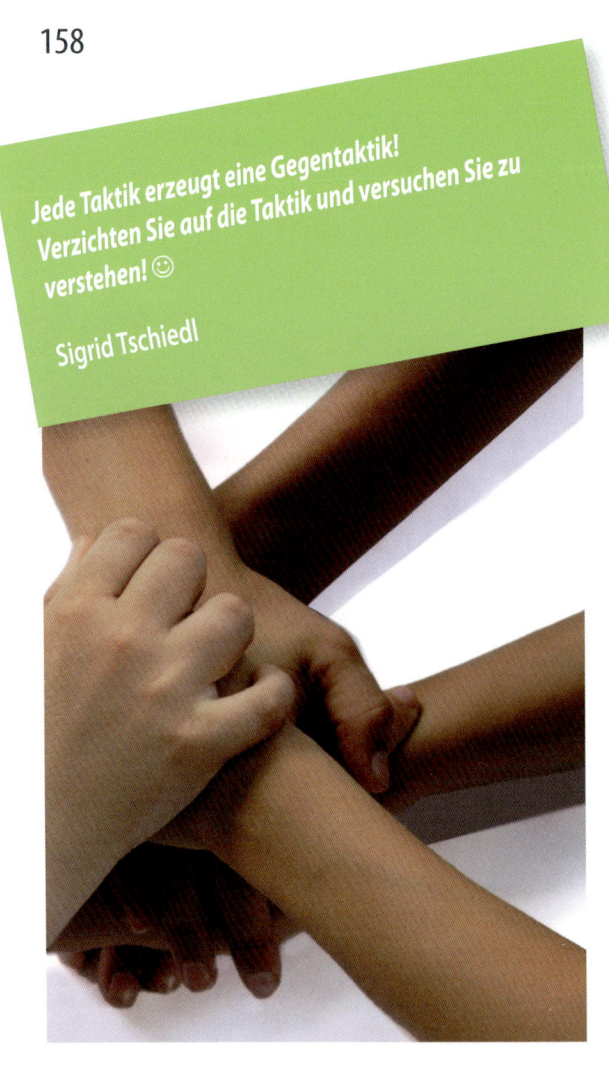

> Jede Taktik erzeugt eine Gegentaktik! Verzichten Sie auf die Taktik und versuchen Sie zu verstehen! ☺
>
> Sigrid Tschiedl

In diesem Kapitel wollen wir den Blick nicht nur nach innen, sondern auch nach außen richten. Wer ist mein Gegenüber, und wie soll ich ihm/ihr begegnen? Wie sehe ich die anderen und wie sehen sie mich? Wie kann ich Situationen durch meine Art zu kommunizieren positiv gestalten? Wie finde ich heraus, was ich eigentlich sagen will?

Worauf kommt es beim „richtigen" Kommunizieren an?

Kommunikation findet immer zwischen *Menschen* statt; das macht sie vielfältig und spannend, aber auch schwierig und unberechenbar. Manchmal funktioniert sie problemlos, manchmal entstehen Missverständnisse und Unstimmigkeiten.

Ich bin davon überzeugt, dass gelungene Kommunikation immer nur miteinander, niemals gegeneinander funktionieren kann. Nur das Verständnis für menschliche Prozesse und Emotionen und die Akzeptanz von Unterschiedlichkeiten kann uns einander und auch uns selbst näher bringen.

Einander einschätzen – sich aufeinander einstellen

Je nachdem, wie wir jemanden einschätzen, verhalten wir uns ihm/ihr gegenüber. Neben dem *ersten Eindruck* ist unsere Erfahrung im Umgang miteinander, die sogenannte *Menschenkenntnis,* dafür mitentscheidend.

Kapitel 7 › Einander einschätzen – sich aufeinander einstellen

> **Menschenkenntnis** ist die Fähigkeit, das *Verhalten* oder den *Charakter* eines Menschen aufgrund eines *ersten Eindrucks* richtig einzuschätzen, zu erkennen und zu beurteilen und vorherzusagen, wie sie denken und wie sie handeln werden.
>
> Entscheidende Faktoren für diese Fähigkeit sind *Lebenserfahrung*, *Intuition*, *Intelligenz* und *Weisheit*. Menschenkenntnis ist nicht angeboren, sondern man erwirbt sie durch den häufigen Umgang mit Menschen und durch Erfahrung mit vielen unterschiedlichen Menschen.
>
> (Quelle: http://de.wikipedia.org/wiki/Menschenkenntnis)

Sowohl beim ersten Eindruck als auch hinsichtlich der Menschenkenntnis scheint es schwierig, objektive Angaben zu machen. Denn beide sind kaum sachlich begreifbar. Vielmehr geht es dabei um emotionale, individuelle Begriffe („Intuition", „Gespür für die Situation", „Lebenserfahrung").

Menschenkenntnis bedeutet für mich, die Eigenschaften und Werte eines Menschen anhand seiner Außenwirkung in der Kommunikation einzuschätzen. Wie sich jemand bewegt, redet, gibt, all das hinterlässt einen Eindruck und führt zu Interpretationen beim Empfänger. Wir lernen also, durch viele verschiedene Kontakte und Begegnungen andere Menschen einzuschätzen.

Leider ist die Menschenkenntnis keine besonders sichere Sache. Denn wir neigen dazu, in Schubladen zu denken und einmal Erlebtes auch auf andere Situationen und Menschen umzumünzen. Aus dem **Be**urteilen wird schnell ein **Ver**urteilen. Daher ist es notwendig, die eigene erworbene Menschenkenntnis immer wieder in Frage zu stellen.

Trotzdem ist es oft notwendig, in der zwischen-*menschlichen* Kommunikation andere Menschen schnell einzuschätzen. Aber von welcher Sorte ist mein Gegenüber? Was ist ihm/ihr wichtig?

Wenn wir wissen, wie jemand „gestrickt" ist, können wir ihn/sie besser verstehen und uns darauf einstellen.

Sich auf andere Menschen einzustellen, bedeutet zuerst Grundhaltungen zu erkennen.

Folgende „Typen" sind Ihnen sicher bekannt bzw. schon begegnet:

- *Der/die AnalytikerIn* – logisch, strukturiert, argumentiert stets sachorientiert, redet ungern über Gefühle.
- *Der/die VerallgemeinererIn* – sieht das große Ganze, meist kreativ, ausgeprägte emotionale Intelligenz, wenig an sachlicher Analyse und Details interessiert.
- *Der/die KritikerIn* – skeptisch, sieht das Schlechte zuerst, findet Fehler, problemorientiert, kann abwertend wirken.
- *Der/die BesserwisserIn* – korrigierend, belehrend, mitunter spöttisch, sarkastisch.

- *Der/die Sanfte* – harmoniebedacht, konfliktscheu, will es am Liebsten jedem Recht machen, oft durchsetzungsschwach.
- *Der/die UnterstützerIn* – appellorientiert, stellt sich meistens auf die Seite der (scheinbar) Schwächeren, helfend bis selbstlos.
- *Der/die AlleinunterhalterIn* – steht gerne im Mittelpunkt, kann Aufmerksamkeit auf sich ziehen und begeistern, erscheint manchmal übertrieben.
- *Der/die Distanzierte* – meidet allzu enge Kontakte, bringt sich persönlich wenig ein, kann vorsichtig, schüchtern oder abweisend wirken.

Es gibt unendlich viele Modelle unterschiedlicher Kommunikationstypen und -stile.

Sie entwickeln sich aus Erfahrungen sowie persönlicher Veranlagung, aber auch aus Grundbedürfnissen und Werten.

Unter den oben angeführten Typen gibt es jede Menge Kombinationen und Mischformen. Von der Grundtendenz her widersprechen sie sich oft gegenseitig. Hier beginnt die Problematik der zwischenmenschlichen Kommunikation.

Prinzipiell tragen wir Anteile von verschiedensten Kommunikationstypen in uns, die in mehr oder weniger starken Ausprägungen vorhanden sind bzw. in verschiedenen Situationen unterschiedlich zur Geltung kommen.

ÜBUNG/SELBSTREFLEXION:

Welche Menschen in Ihrem Umfeld kennen Sie, die ziemlich eindeutig einem der oben genannten Typen entsprechen? Um welche Typen würden Sie die Liste gerne ergänzen? Wem ordnen Sie sich selbst am ehesten zu, wem so gut wie gar nicht? Wie „bewerten" Sie die einzelnen Kommunikationstypen und welche Gefühle entstehen dabei?

Anmerkung: Jedes Mal, wenn man versucht, Menschen in Kategorien und Typen zu unterteilen, kommen Individualität und Einzigartigkeit scheinbar zu kurz. Andererseits bieten diese Oberbegriffe und Unterscheidungen die Möglichkeit, sich selbst und andere mit etwas Abstand zu betrachten und dadurch besser zu verstehen. Es ist mir wichtig zu vermitteln, dass sowohl gemeinsame Schwerpunkte als auch klare Unterschiede zwischen Menschen existieren, was Werte und Ausdruck betrifft. Die Zusammenfassung in „Stilgruppen" soll nur dem besseren Verständnis und der Orientierung dienen, um sich schlussendlich doch immer wieder mit jedem Menschen „persönlich" zu befassen.

Mein persönlicher Glaubenssatz in der Kommunikation:

Ich gestalte meine Kommunikation wertschätzend, flexibel und individuell von Mensch zu Mensch und von Situation zu Situation!

Welcher Kommunikationstyp sind Sie? Ich seh' in mir, was du nicht siehst! – Selbsteinschätzung und Fremdbild

So wie wir andere einschätzen, so müssen wir auch damit rechnen, von anderen eingeschätzt zu werden. Das ist so lange kein Problem, solange uns die anderen so betrachten und bewerten wie wir uns selbst.

Haben Sie öfter das Gefühl, dass andere Sie ganz anders einschätzen und sehen, als Sie „in Wirklichkeit" sind? Gelungene Kommunikation hängt sehr davon ab, ob uns andere so wahrnehmen, wie wir uns selbst empfinden. Deckt sich die persönliche Selbsteinschätzung mit dem, was äußerlich sichtbar ist, oder ist das Bild verzerrt?

Hält sich ein Chef selbst für freundlich und offen, aber keiner seiner Mitarbeiter traut sich, mit ihm mehr als notwendig zu sprechen, so bestehen offensichtlich zwei komplett unterschiedliche Wahrnehmungen. Die junge Kollegin glaubt, sie ist mutig und belastbar? Warum traut ihr trotzdem keiner etwas zu? Sie schätzt sich wohl anders ein als ihre Kollegen sie sehen. Oder hält sich jemand für besonders witzig und amüsant und bemerkt gar nicht, dass keiner lacht? Auch in diesem Fall sind Selbst- und Fremdbild verschoben.

Wie gut wir die eigene Sicht auf unsere Persönlichkeit in der Kommunikation transportieren, zeigt sich in der Übereinstimmung mit dem, was bei anderen ankommt.

> So sehe ich mich. – So sehen mich andere. – So würde ich gerne gesehen werden.
> Wo Selbstbild, Fremdbild und Idealbild deckungsgleich sind, wird **Selbstvertrauen** ausgestrahlt! ☺

ÜBUNG:

Der *Selbst- und Fremdbildtest* hilft beim Abgleich zwischen eigener und fremder Wahrnehmung.

Kopieren Sie zuerst die folgende Tabelle (Begriffe gegebenenfalls ergänzen bzw. verändern). Anschließend bewerten Sie sich selbst (Schulnotensystem 1–5). Danach bitten Sie mehrere Freunde oder Bekannte, den Fragebogen auszufüllen und Sie damit einzuschätzen. Wählen Sie dabei auch kritische Menschen aus, die es Ihnen nicht nur „recht machen" wollen.

Ermitteln Sie nun den Durchschnitt der Einschätzungen Ihrer Freunde und Bekannten bei jeder Eigenschaft. Dazu bilden Sie die Summe der angekreuzten Werte jeder einzelnen Eigenschaft und dividieren Sie durch die Anzahl der ausgefüllten Fragebögen (exklusive Ihres eigenen).

Wo sich Ihre Werte mit denen der anderen (dem errechneten Durchschnitt) größtenteils decken, bestätigen sich Selbst- und Fremdbild. Wo größere Abweichungen bestehen, sollten Sie genauer hinschauen. Sprechen Sie Unterschiede in der Einschätzung möglichst vorbehaltlos an. Es gibt hier kein Richtig oder Falsch, eher ein „kommt rüber" oder „sehe ich anders". Fragen zur Klärung könnten sein:

- Woran erkennst du, dass ich besonders .../überhaupt nicht ... bin?
- In welchen Situationen ist mein ...(Eigenschaft) besonders ausgeprägt?
- Wie wirkt mein Verhalten auf dich?

Selbstbild/Fremdbild						
Eigenschaft	1 trifft 100%-ig zu	2 trifft häufig zu	3 trifft manchmal zu	4 trifft selten zu	5 trifft überhaupt nicht zu	Durch-schnitt (für Auswertung)
aufmerksam						
ausdauernd						
ausgeglichen						
begeisterungsfähig						
belastbar						
ehrlich						
engagiert						
flexibel						
freundlich						
geduldig						
gefühlsbetont						
hilfsbereit						
höflich						
humorvoll						
kommunikativ						
kompromissbereit						
konfliktfähig						
redegewandt						
risikofreudig						
selbstbewusst						
selbstkritisch						
sympathisch						

(Testanlehnung: Elfriede V. Gerdenits: Wie komme ich zu meinem Wunschjob?, redline 2007)

Ich bin anders – du auch!
Die Perspektive wechseln

Mal ganz ehrlich: Jeder von uns denkt doch insgeheim, dass er/sie etwas Besonderes ist. Hoffen wir nicht alle, dass unsere Kommunikationspartner unsere Einzigartigkeit erkennen, unsere Stärken schätzen und über unsere Fehler hinwegsehen?

Und wieder ganz ehrlich: Tun wir das denn eigentlich selbst bei anderen? Nehmen wir nicht sehr viele Dinge für selbstverständlich oder bemerken sie gar nicht? Sind wir nicht öfter Besserwisser und Richter als unvoreingenommene Beobachter? Wie oft konzentrieren wir uns auf Schwächen und Negatives, anstatt unsere Aufmerksamkeit den Dingen zuzuwenden, die wir positiv wahrnehmen könnten?

Wie oft verlassen wir uns auf eine einseitige Betrachtungsweise und sind nicht bereit, davon abzurücken? Wie oft bemängeln wir an anderen, was uns an uns selbst stört?

Niemand freut sich darüber, in eine Schublade gesteckt zu werden. Um das zu verhindern, ist es notwendig, ab und zu die Perspektive zu wechseln. Das Prinzip dabei heißt: „Change your Slippers!"

Es bedeutet, die Dinge aus der Sicht des anderen zu betrachten. Das hilft uns nicht nur dabei, den anderen besser zu verstehen, sondern ver*hindert* bzw. ver*mindert* Konfliktpotenzial.

Lassen Sie sich ab und zu darauf ein, Ihre Position für einen Moment zu verändern, um Ihre Wahrnehmung zu erweitern und neue An- bzw. Einsichten zu gewinnen.

Keine Sorge, Sie müssen sich dafür nicht gänzlich aufgeben. Ihre eigenen Werte und Emotionen bleiben Ihnen trotzdem erhalten.

KOMMUNIKATION

Sigrid Tschiedl | Roman Szeliga

Wenn wir uns auf die Erlebniswelt unserer Kommunikationspartner einlassen, vermindern wir Bewertungen und Beurteilungen und kommen so in besseren zwischen-*menschlichen* Kontakt.

ÜBUNG:

Sehen Sie sich aus der Position, in der Sie sich gerade befinden (sitzen, liegen, stehen) um. Was sehen Sie? Was nehmen Sie wahr? Benennen Sie einige Dinge, die sich in Ihrem Wahrnehmungskreis befinden.

Drehen Sie sich jetzt um 180 % um. Was sehen Sie nun? Was können Sie jetzt wahrnehmen? Was haben Sie vorher nicht gesehen bzw. gar nicht sehen können?

Drehen Sie sich jetzt wieder zurück an Ihren Ausgangspunkt.

Um welche Informationen, Erfahrungen und Einsichten hat sich Ihr Spektrum erweitert? Haben Sie etwas von Ihrer eigenen Wahrnehmung verloren oder lediglich neue Erkenntnisse dazugewonnen?

Nun versuchen Sie sich einmal in die Situation folgender Menschen hineinzuversetzen:

- Ein Kellner an seinem ersten Tag im neuen, vollbesetzten Restaurant.
- Eine Rednerin, der auf dem Podium alle ihre Unterlagen hinunterfallen.
- Eine Mutter, deren Kind in einem Supermarkt aus Trotz laut zu schreien beginnt.
- Ein Großvater, der schlecht hört.

Wie oft wünschen wir uns Verständnis von anderen, und wie schwer fällt es uns, uns in die Lage von anderen zu versetzen.

Kommunikation besteht zu einem Großteil aus Gewohnheit und Übung!

Durch Üben und Bewusstheit wird positives, wertschätzendes Kommunizieren zur guten Angewohnheit, die uns einander näher- und miteinander weiterbringt! ☺

Kapitel 7 › Meine Werte/deine Werte – kennen und schätzen lernen!

Meine Werte/deine Werte – kennen und schätzen lernen!

Die Werte eines Menschen entstehen durch seine Erziehung, persönliche Veranlagung und seine Grundbedürfnisse. Der persönliche, äußere Kommunikationsstil spiegelt diese inneren Haltungen wider. Unsere Werte sind stark an Emotionen gekoppelt, und wir verteidigen sie vehement, da sie die Basis unserer Persönlichkeit betreffen.

Es gibt verschiedene Arten von Werten, von persönlichen über materielle bis hin zu moralisch-sittlichen. Die meisten davon finden sich auf dem emotionalen Sektor (z.B. Vertrauen, Geduld, Sicherheit) und betreffen damit die „Beziehungsebene" in der Kommunikation (siehe Eisbergmodell). Wertvorstellungen sind bei verschiedenen Menschen unterschiedlich stark ausgeprägt und können sich im Laufe des Lebens verändern.

Wenn wir uns mit unseren Werten akzeptiert fühlen, entstehen Kontakt und Austausch. Wenn nicht, entstehen Konflikte und Ablehnung.

> Nach meiner Erfahrung ist es in den meisten Fällen weniger das Problem, dass sich die Werte zweier Gesprächspartner widersprechen, vielmehr wird eine Abwehrhaltung untereinander erzeugt, wenn die Werte des anderen ignoriert oder abschätzig behandelt werden.

Kommunikation bedeutet, miteinander in Beziehung zu treten. Manchmal dauern diese Beziehungen jahrelang, manchmal nur wenige Sekunden. In jedem Fall ist es die Wertschätzung, die den Grundstein für einen positiven Kontakt legt.

Wertschätzung ist:

- Respekt – nach außen und innen. Nur in dem Maß, wie wir uns selbst Wünsche, Bedürfnisse, Grenzen, Emotionen und Prinzipien ehrlich zugestehen, können wir sie auch bei anderen akzeptieren.

- Toleranz – auch für Dinge, die ich nicht verstehe. Was uns unterscheidet, muss uns nicht trennen („sowohl als auch" statt „entweder oder").
- Positive Wahrnehmung – mir fällt an dir auf, was ich gut finde.

ÜBUNG:

Wie wichtig sind Ihnen folgende Werte:

Folgender Wert ist mir...	**sehr** wichtig	**eher** wichtig	**wenig** wichtig	**gar nicht** wichtig
Pünktlichkeit				
Geld				
Freunde				
Bildung				
Treue				
Gerechtigkeit				
Lust				
Familie				
Harmonie				
Glaubensfestigkeit				
Liebe				
Eigentum				

Welche sind Ihre wichtigsten Werte? Was passiert, wenn man Ihre Werte nicht anerkennt? Wie würde die gleiche Tabelle Ihrer Meinung nach ein Priester oder Ihre Großmutter ausfüllen?

Versuchen Sie sich am Beginn eines Gespräches (oder bei der Vorbereitung) zu fragen: Welche Wertvorstellungen hat mein Gesprächspartner? Welche Werte vertritt er/sie? Inwiefern widersprechen diese Werte meinen eigenen? Welche Werte des anderen kann ich anerkennen und wie?

Zwischen*menschliche* Kommunikation braucht Wertschätzung!

Kapitel 7 › Kommunikation – jetzt aber „richtig"!

Kommunikation – jetzt aber „richtig"!

Kommunikation ist nicht nur immer eine sehr persönliche, sie ist auch immer eine sehr komplexe Sache. Oft begegnet mir der Wunsch von Seminarteilnehmern, „richtig" zu kommunizieren. Das Problem dabei ist aber, dass es verschiedene Arten von „richtig" gibt:

- „Richtig", was die Situation und die Kommunikationspartner betrifft.
- „Richtig", was das Ziel und die Themen des Gespräches betrifft.
- „Richtig", was Gefühle und Bedürfnisse der Beteiligten betrifft.

Und bei all dem sollte Kommunikation immer auch

- „richtig" für SIE persönlich, also möglichst authentisch sein!

Das bedeutet, um *stimmig* zu wirken, ist es notwendig, die Aufmerksamkeit zum einen auf die äußeren Umstände (Situation, Rollenbilder) zu lenken, zum anderen, in sich selbst zu schauen (eigene Gedanken, Ziele, Gefühle).

Hier finden Sie nun ein Modell, das es Ihnen ermöglichen soll, sich im „dichten Urwald der Kommunikation" etwas leichter zurechtzufinden. Anhand von drei Kriterien und kleinen Checklisten können Sie für sich überprüfen, wie Sie Ihre Kommunikation innerlich und äußerlich stimmig gestalten wollen.

Das innere Trio – Bauch, Kopf, Herz

Was alles gleichzeitig in und auf uns wirkt, kann ganz schön verwirrend sein. Es gibt so viele Einflüsse von innen und außen, die bei unserer Art zu kommunizieren eine Rolle spielen, dass es fast unmöglich erscheint, einen klaren Weg zu finden, der allen und allem gerecht wird. Vielleicht ist das der Grund, warum wir ihn oft gar nicht erst suchen. Die schwierigste Frage ist meistens: „Worauf soll ich mich konzentrieren?"

Klare Kommunikation nach außen setzt innere Klarheit voraus!

Es gibt drei Komponenten, die für Ihren gelungenen Kommunikationsweg entscheidend sind. Diese möchte ich drei Körperpartien zuordnen, die in permanenter Wechselwirkung zueinander stehen. Ich habe sie nach der Reihenfolge ihrer Reaktionsfähigkeit und inneren Wirkung geordnet. Schlussendlich kommt aber allen dreien eine gleichermaßen große Bedeutung zu, wobei diese Zuordnung in keinem Zusammenhang mit faktischen medizinisch-körperlichen Vorgängen steht, sondern lediglich der Veranschaulichung innerer Kommunikationsprozesse dient:

- **Bauch – Emotion**: „erster Eindruck", Gefühle spüren, Unterbewusstsein gelten lassen, Werte schätzen.

- **Kopf – Analyse**: Situationen, Rollen und Gesprächspartner rational einschätzen, Planung, Übersetzung innerer Vorgänge, Vermittlung zwischen Innen und Außen.

- **Herz – Motivation**: Ziele und Bedürfnisse definieren, Wünsche an sich selbst und andere richten, sich selbst antreiben.

Kopf - Analyse

Herz - Motivation

Bauch - Emotion

Um meine volle Wirkung nach außen zu entfalten, muss ich zuerst mit mir selbst im Einen sein! ☺

Bauchgefühl – *spüren und glauben*

Unser Bauch ist am schnellsten in seinen Entscheidungen und in seiner Reaktion. Oft ist er damit sogar authentischer und klarer als unser Kopf. Sie sollen vor einer großen Menschenmenge sprechen, schon werden Sie nervös. Jemand kommt Ihnen zu nahe, schon fühlen Sie sich unwohl. Unser Bauch und Unterbewusstsein reagieren wesentlich schneller als unser Kopf es kann. Das Bauchgefühl warnt uns vor Gefahr.

Es verteidigt unsere Bedürfnisse und Grundeinstellungen. Das bedeutet nicht automatisch, dass er immer Recht hat. Unser Bauch lässt sich nämlich auch leicht verführen, ist manchmal bequem und beherbergt den „inneren Schweinehund".

Aber er weiß mehr, als wir ihm zugestehen. Ignorieren wir unser Bauchgefühl permanent, so entsteht großer innerer Druck. Wenn dieser nicht abgebaut wird, kann er sich entweder spontan und mitunter völlig übertrieben oder zu einem unpassenden Zeitpunkt entladen (z.B. durch Wutausbrüche oder Weinkrämpfe) oder er sucht sich ein anderes Ventil. Nach außen hin wirken wir ohne den „Bauch-Beitrag" zur Kommunikationsgestaltung emotionslos oder unauthentisch.

Wo Logik uns nicht weiterbringt, überzeugen uns Gefühle. Was wir nicht wissen, *glauben* wir.

Kommunikation mit Bauch ...

Das Bauchgefühl wird oft belächelt. Es wird mit Esoterik und Spiritualität gleichgesetzt und ist oft mit Worten wie „naiv, weltfremd, unlogisch" verknüpft.

Sich gänzlich von seinen Gefühlen leiten zu lassen, würde tatsächlich bedeuten, dass weder ein friedliches, zwischenmenschliches Zusammenleben noch eine Weiterentwicklung möglich wäre. Wir würden einfach allen unseren emotionalen Impulsen nachgeben. Trotzdem liegt in unseren Gefühlen ein enormes Potenzial an Weisheit und Persönlichkeit, das wir nicht einfach ausklammern dürfen. Kommunikation und Entscheidungen hängen immer unmittelbar mit unseren Gefühlen zusammen, ob wir wollen oder nicht (siehe Eisbergmodell). Emotionale Intelligenz ist ein Basiswert der zwischenmenschlichen Kommunikation.

Daher ist es wichtig, sich mit Gefühlen auseinanderzusetzen und sie aktiv in den Kommunikationsprozess einzubeziehen. Das Prinzip dabei lautet:

> Unterdrücke deine Gefühle nicht, aber gib ihnen nicht nach!

Was wie ein Widerspruch klingt, bedeutet Emotionen bewusst wahrzunehmen und zu respektieren und sich nicht willkürlich von ihnen herumkommandieren zu lassen.

Tipp: Versuchen Sie bei Ihren Gefühlen bewusst zwischen „Warnung" und „Bedürfnis" zu unterscheiden. Wann will Ihnen Ihr Bauch nur signalisieren, dass Sie sich aus der sogenannten „Komfortzone" (bekannt, bequem) in eine unbekannte „Risikozone" (unbekannt, gefährlich) begeben? Wann handelt es sich um ein Zeichen echter Bedürfnisse?

KOMM**UNIKAT**ION
Sigrid Tschiedl | Roman Szeliga

Aufgaben Bauch: Warnsignale, Mitgefühl, Zugriff auf Erfahrungen und Erinnerungen, die dem Kopf nicht zur Verfügung stehen (Unterbewusstsein), emotionale Auswertung von Wahrnehmung, Entscheidungen und Gedanken.

- **Stärken Bauch**: spontan, ehrlich, sensibel, menschlich, einfühlsam.
- **Schwächen Bauch**: verletzlich, nimmt alles persönlich, leicht gekränkt, nicht vorausschauend.

Checkliste „Bauchgefühl": Was fühle ich, was glaube ich?

- Welche Gefühle habe ich in dieser Situation/Rolle?
- Wie beeinflussen meine Gefühle meinen Umgang mit Menschen bzw. meine Entscheidungen?
- Was sagt mein Bauch zu Dingen, die ich logisch nicht begründen kann, von denen ich aber trotzdem überzeugt bin?
- Von welchen Emotionen lasse ich mich hauptsächlich bzw. bei einer Entscheidung leiten?
- Wie kann ich meine Emotionen bewusst und sinnvoll in meine Kommunikation einbeziehen?
- Welche Gefühle sollen mich in einer Situation warnen bzw. aufmerksam machen, welche entsprechen echten Bedürfnissen?

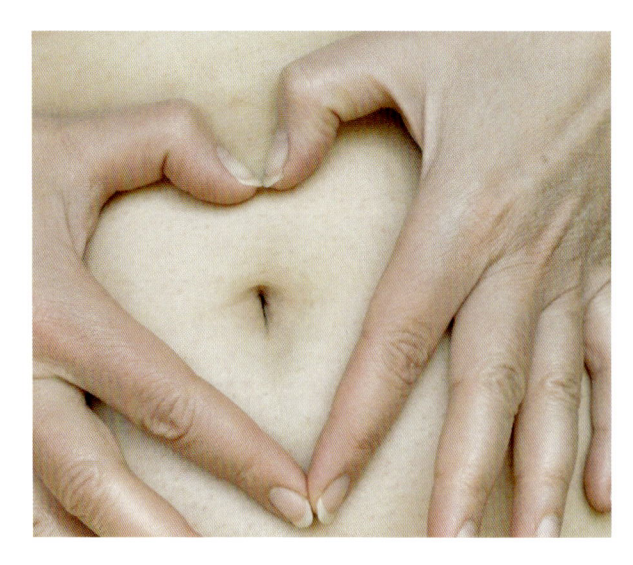

Bauchgefühl:
emotionale Intelligenz,
Weisheit des Bauches

Kapitel 7 › Das innere Trio – Bauch, Kopf, Herz

Kopfarbeit – *denken und verstehen*

Eines gleich vorweg: Wir überschätzen die Bedeutung unseres Verstandes in der Kommunikation. Er hat einen ebenso großen Anteil an unserer inneren und äußeren Wirkung wie der Rest unseres Körpers.

Durch noch so großes Nachdenken können Sie jemand anderen nicht dazu bringen, sich in Sie zu verlieben (oder auch sich zu *entlieben*, je nachdem). Sie können sich noch so geschliffen ausdrücken, Worte allein reichen nicht, um etwas in der Welt zu verändern. Sie können Strategien entwickeln und an die Zukunft denken, aber nie vorhersehen, ob Sie damit wirklich glücklich werden.

Wir sind es gewohnt, sachlich zu denken und zu argumentieren. Beruflich, aber auch privat. Es wird uns beigebracht, objektiv zu sein, emotionale Distanz zu halten und vernünftig zu agieren. Dadurch schränken wir nicht nur unsere Möglichkeiten ein, mit anderen in Kontakt zu treten, wir ignorieren auch wichtige Teile unserer eigenen Persönlichkeit. Nur mit dem Verstand zu arbeiten, schränkt uns in der Wahrnehmung und im Ausdruck ein.

Trotzdem hat der Kopf natürlich zentrale Aufgaben. Zum einen gelangen viele Botschaften von innen und außen zuerst zu ihm und werden dann übersetzt und weitergeleitet.

Zum anderen bildet er den kreativen Part des inneren Kommunikationstrios. Unser Kopf kann gestalten, wählen und neu erfinden.

Unser Denken bestimmt unsere Wahrnehmung und Einstellung. Unser Hirn entscheidet, was wir uns bewusst machen. Es ist also die zentrale Einheit, wenn es darum geht, Dinge zu *verstehen*!

Kommunikation mit Köpfchen ...

Unser Verstand ist eine Denkmaschine. Er nimmt Informationen auf, vergleicht sie mit Bekanntem und ordnet sie nach Bedeutung.

Er hat Einfluss auf innere Haltung und Gefühle (siehe vorangegangene Kapitel). Er hat aber auch die Aufgabe, Signale von innen, also von Herz und Bauch, aufzunehmen, sich damit auseinanderzusetzen und diese in gemeinschaftlicher Abstimmung nach außen zu kommunizieren.

Wenn dem nicht so ist, entsteht äußerlich eine unklare Wirkung (z.B. durch unstimmige Körpersprache) und innerliche Unausgewogenheit.

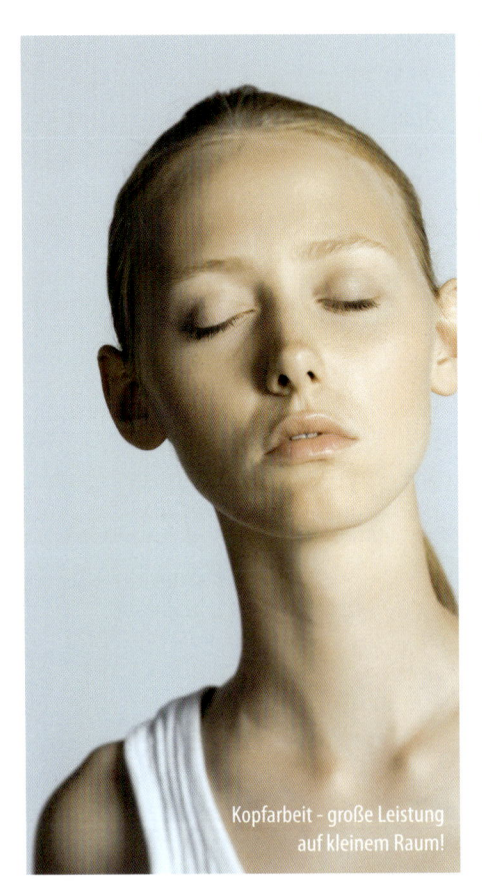

Kopfarbeit - große Leistung auf kleinem Raum!

Aufgaben Kopf: Situationen und Umstände bewusst erfassen und analysieren, Inhalte von Kommunikation übersetzen und nach innen weiterleiten, zwischen Meinungen vermitteln, Perspektive wechseln, Schutz und Abgrenzung vor negativen Einflüssen, zuhören, planen, artikulieren.

- **Stärken Kopf**: strategisch, vernünftig, logisch, objektiv, denkt langfristig.
- **Schwächen Kopf**: emotionslos, kompliziert, mitunter unspontan.

Checkliste „Kopfarbeit": Was verstehe ich und wie verstehe ich es?

- Worum geht es in der Gesprächssituation (Themen, Umstände, Vorgeschichte)?
- Welche Rolle nehme ich bzw. die anderen ein?
- Was nehme ich am anderen bewusst wahr (Eigenschaften, Ausdruck, Gefühle, Werte)?
- Was nehme ich in mir wahr (Gefühle, Wünsche, Motivationen)?
- Was kann ich wie nach außen transportieren?

Lassen Sie Ihren Kopf kreativ aktiv werden! Welche Möglichkeiten zur Gestaltung von Situationen haben Sie? Welche Kommunikationsmittel können Sie einsetzen? Kopfarbeit macht Spaß und bringt Sie weiter. Denn Dinge zu verstehen, bedeutet Entwicklung!

Herzensangelegenheit – *wünschen und wollen*

Woran hängt Ihr Herz? Wofür können Sie sich leicht motivieren? Welche Ziele liegen klar vor Ihnen und welche sind verschwommen? Ist bei Ihnen manchmal „der Wunsch Vater des Gedankens?" Oder fragen Sie sich öfter: Was will ich eigentlich?

Oft ist es das Herz, das in der Kommunikation übersehen wird. Der Kopf soll uns vernünftig leiten, der Bauch drängt sich auf und gibt Situationen und Menschen eine emotionale Bedeutung, aber welche Aufgabe hat das Herz? Es bildet den Motor! Es treibt uns an, manchmal mehr, manchmal weniger. In wichtigen Momenten wird gefragt, ob man sein Herz geprüft hat, also voll hinter einer Entscheidung stehen kann.

Oft wird das Herz überhört, und wir tun lange Zeit Dinge, an denen uns gar nichts liegt. Wenn es zu lange ignoriert wird, kann es auch sehr stur werden und sich an Dinge hängen, die uns weder emotional noch faktisch gut tun. Oder wir trauen uns nichts zu, geben jeder Emotion nach und kommen so nie weiter, weil wir uns erst gar keine Ziele stecken.

Was uns am Herzen liegt, transportieren wir auch nach außen!

Das Herz ist also für Ziele und Motivation in der Kommunikation zuständig, dafür etwas zu *wollen*.

Kommunikation mit Herz ...

Je nachdem, wie stark wir Dinge *wollen*, können wir unsere Gedanken und Gefühle beeinflussen. Manchmal hängen wir uns länger an ein Ziel, manchmal kürzer. Wenn wir von etwas ganz überzeugt sind, sind wir mit „ganzem Herzen" bei der Sache. Oft sind unsere Anliegen und Ziele unklar, „halbherzig" definiert und daher erreichen wir sie nicht. Sich mit seinen eigenen „Herzensangelegenheiten" zu beschäftigen, bedeutet, sich ehrlich zu fragen: Was will ich eigentlich (und was *soll* ich nur wollen ...)? Was ist mir wirklich wichtig? Was nützt es mir? Je konkreter unsere Ziele sind, desto klarer kommunizieren und desto selbstverantwortlicher leben wir.

Im Wesentlichen gibt es vier Motivatoren, die uns antreiben, unsere Ziele zu erreichen bzw. uns dabei bremsen:

- Prestige – „Ich will gut ankommen."
- Sicherheit – „Ich will kein Risiko eingehen."

- Gewinn – „Ich will etwas davon haben."
- Bequemlichkeit – „Ich will es als angenehm empfinden."

Aufgaben Herz: Motivation, Bindung an Ideen, Menschen, Projekte, Fantasie, Bedürfnisse in Ziele und Aufgaben übersetzen, Antrieb.

- **Stärken Herz:** denkt an Sinn und Eigennutzen, entscheidet nach Überzeugung, flexibel.
- **Schwächen Herz:** wird oft nicht gefragt, lässt sich öfter von Kopf und Bauch überstimmen, lässt sich manchmal von anderen ausnutzen (Fremdziele).

Tipp: Ein Ziel ist nur dann ein „gutes" Ziel, wenn es *selbstverantwortlich* definiert ist (selbst erreichbar). Einen Wunsch an das Universum oder „die anderen" zu richten, kann nie befriedigend sein.

Checkliste „Herzensangelegenheit": Was will ich und warum?
(Quelle: SMARTE Ziele nach NLP)

- *S – spezifisch:* Ziele müssen konkret und eindeutig erkennbar sein; klares Bild von dem, was ich erreichen will.
  Wie sieht mein Ziel aus?

- *M – messbar:* Ziele müssen messbar sein, um zu erkennen, inwieweit Fortschritte erzielt wurden; Teilziele sind möglich.
  Wie viel/weit/groß/hoch ... soll es sein?

- *A – ausführbar/attraktiv*: Ziele müssen ausführbar und erreichbar sein; sie müssen fordern, dürfen aber nicht überfordern, ansonsten werden sie ignoriert.
  Wie komme ich an mein Ziel? Welche Mittel stehen mir zur Verfügung?

- *R – relevant:* Ziele müssen mir wirklich wichtig sein, um etwas dafür zu tun; wissen warum und dann wirklich wollen.
  Wie wichtig ist es mir, mein Ziel zu erreichen (Prioritäten nach Skala 1–10)?

- *T – terminiert:* Ziele müssen einen Beginn und einen Endpunkt haben; bis wann ist das Ziel erreicht?
  Wann fange ich damit an, an meinem Ziel zu arbeiten, wann will ich damit fertig sein?

Überprüfen Sie Ihre Ziele anhand der oben angeführten Kriterien. Diese Checkliste eignet sich sowohl für praktische Ziele (Beruf, Ausbildung, Training) als auch für „emotionale" Ziele („sich mit jemandem besser verstehen", „sich selbst weiterentwickeln").

Herzensangelegenheit: kleine Motive, große Wirkung!

Alle gemeinsam besser als einsam!

„Zusammen sind wir stark", heißt es. In diesem Fall müsste man wohl sagen: „Zusammen BIN ICH stark."

Warum es so wichtig ist, Kopf, Herz und Bauch in Einklang zu bringen und damit authentisch zu kommunizieren, erkennt man leicht daran, dass eine stimmige Kommunikation zum einen besser ankommt bzw. persönlicher wirkt und zum anderen wesentlich weniger Kraft kostet, als wenn man einen inneren „Gegner" zu bekämpfen hat.

Kopf, Herz und Bauch sind jeweils für sich genommen stark und beeinflussen, je nach Überzeugung, die anderen beiden. Tun sich zwei zusammen, können Sie den Dritten überstimmen und ebenfalls momentan erfolgreich sein. Doch nur miteinander entfalten sie ihre volle Wirkung.

> Die drei entscheidenden Fragen zu sich selbst und der Situation bzw. dem Gesprächspartner (in ihrer Reaktions-Reihenfolge) sind:
> - *Glaube* ich das? Bist du glaubwürdig für mich?
> - *Verstehe* ich das/dich?
> - *Will* ich das? Kann ich akzeptieren, was du willst?

Das Ergebnis in Reaktion und Wirkung sieht folgendermaßen aus:

Antworten	Reaktion	Wirkung
3 x ja	authentisch	kostet wenig Kraft, starke Wirkung
2 x ja	angepasst	kostet etwas Kraft, kann späteren Gewinn bedeuten oder situationsspezifisch notwendig sein
1 x ja	einseitig	kostet viel Kraft, unauthentisch
0 x ja	unklar	kostet Substanz, „wirkungslos"

ÜBUNG:

Stellen Sie sich selbst vor wichtigen Gesprächen oder in unübersichtlichen Situationen die drei oben angeführten Fragen. Überprüfen Sie, welche der drei Ebenen fehlt, ignoriert wird oder wo Sie unsicher sind, welche sich gerade vehement zu Wort meldet.

Wenn Sie denken, „ich kann nicht", meinen Sie dann damit „ich verstehe nicht?" (Kopf), „ich trau mich nicht" (Bauch) oder „ich will nicht" (Herz)?

Bereiten Sie sich auf ein Ihnen wichtiges Gespräch auf allen drei Ebenen vor. Oft ist das „Hinhören" schon die halbe Lösung.

Geben Sie Ihren drei Entscheidungsträgern eine Stimme und lassen Sie sie sprechen. Holen Sie alle drei an einen Tisch und lassen Sie Kopf, Herz und Bauch ihre Argumente vorbringen.

Das könnte in etwa so aussehen:

Drei Ebenen – ein (Selbst-)Gespräch

Innerer Trialog eines Menschen, der gerade eine Diät macht und zu Kaffee und Kuchen eingeladen ist.

Bauch:	Endlich mal wieder gemütlich zusammensitzen und es sich gut gehen lassen. Ich hab' schon richtig Appetit!
Kopf (zu Bauch):	Das ist wieder mal typisch! Wir haben gerade mal zwei Tage Diät hinter uns, und schon gibst du auf – sehr konsequent!
Herz (zu Kopf):	Moment mal, da brauchst du doch nicht gleich so streng zu sein. Eine kleine Unterbrechung unseres Plans heißt noch lange nicht aufgeben. Wir haben doch alle ein gemeinsames Ziel.
Kopf (zu Herz):	Danke, dass du mir in den Rücken fällst. Dabei war das doch alles deine Idee – von wegen „Sommersaison" und „ich will Ballast abwerfen".
Herz (zu Kopf):	Und deine tolle Idee war das „Schlank-Fit-Programm" – 5 Kilo in 2 Wochen. Von so was hab ich nie gesprochen – ich hab nur gemeint, etwas leichter würden wir uns wohler fühlen.
Kopf (zu Herz):	Da war wohl wieder einmal der „Wunsch Vater des Gedankens". Das hast du dir einfach nicht gründlich überlegt. Und ich muss das dann ganz allein umsetzen, während du fröhlich deine Meinung änderst. Auf welcher Seite stehst du eigentlich?
Bauch (zu beiden):	Na toll, jetzt hab ich ein schlechtes Gewissen. Hört bitte auf zu streiten. Ich glaub' nicht, dass das funktioniert! Ich bin jetzt schon genervt. Das ganze Abnehmen wird so anstrengend und meine Bedürfnisse kommen wieder zu kurz.
Herz (zu Bauch):	Komm, jetzt reiß dich zusammen! Mit ein bisschen gutem Willen geht das schon.
Kopf (zu Herz):	Ich denk bei der ganzen Sache ja auch an dich. Später wirst du froh sein.
Bauch (zu beiden):	Später, später ... egal wie ich mich fühle, es ist nie der richtige Zeitpunkt oder sowieso falsch! Ich will euch ja beide unterstützen, aber ihr hört nie auf mich!

Herz (zu beiden):	Schluss damit, wir müssen eine Lösung finden, mit der wir alle leben können.
Kopf (zu beiden):	Okay, lasst uns mal die Fakten zusammentragen. Worum geht es hier?
Bauch (zu Herz):	Ich möchte gerne einfach einen schönen Nachmittag mit einer Freundin verbringen und mich entspannen. Wir brauchen das! Aber wenn ich den Kuchen sehe, kann ich für nichts garantieren.
Herz (zu Bauch):	Ja, ich will mich auch mit ihr treffen. Aber ich will auch gesund ein bisschen Gewicht reduzieren. Wir können den Kuchen doch um zwei Wochen verschieben und heute gemeinsam Kaffeetrinken und plaudern, vielleicht auch miteinander spazieren gehen.
Kopf (zu beiden):	Okay unter Freundinnen wird sie das sicher verstehen. Vielleicht macht sie uns statt dem Kuchen einen Obstsalat. Der passt in den Plan und schmeckt auch noch lecker. So haben alle was davon. Seid ihr dabei?
Herz:	Herzlich gern!
Bauch:	Fühlt sich gut an!
Kopf:	Einverstanden!

ÜBUNG/SELBSTREFLEXION:

Sehen Sie sich selbst mehr als Bauch-, Kopf- oder Herztyp? Wer ist dominant und übertönt die anderen beiden immer? Wer kommt gar nicht erst zu Wort? Wie können Sie die anderen beiden Teile in Ihre Kommunikation besser integrieren? Was würde Ihr Kopf über Herz und Bauch sagen? Was würde ihn an den anderen stören, was würde er gut finden? Wie steht es mit den anderen beiden? Wie würden sie sich gegenseitig beschreiben?

Wertschätzung und ganzheitliche Kommunikation funktionieren nur gleichermaßen in zwei Richtungen: nach innen und außen!

Einer meiner Leitsprüche für Ihre positive Weiterentwicklung in der Kommunikation:

Das Vorhandene würdigen, das Fehlende fördern! ☺

Sigrid Tschiedl

Kapitel 8

„Kommunikationsfundgrube" – Fragen und Antworten, Be- und Merkenswertes

Vielleicht denken Sie sich am Ende der Lektüre dieses Buches: „Mir fehlt noch etwas." „Geht's noch ein bisschen persönlicher/spezieller/wirkungsvoller?" Welche Ihrer Fragen sind bis jetzt unbeantwortet geblieben?

Kommunikation ist ein riesengroßes Themenfeld. Über jeden einzelnen Bereich lohnt es sich, ein eigenes Buch zu schreiben.

In diesem letzten Kapitel finden sich abschließend Themen und Übungen, die hoffentlich noch einige interessante, für Sie be-*merkenswert*-e Informationen enthalten.

Probieren Sie einfach das eine oder andere aus.

Es sind oft kleine Dinge, die große Veränderungsprozesse in Gang bringen! ☺

Noch Fragen? Ja bitte!

Frage:

Geht es bei Kommunikation nicht eigentlich auch um „Worte"? Welche soll ich verwenden, welche muss ich weglassen usw.?

Wie kann ich meine Art zu sprechen persönlich gestalten?

Kapitel 8 › Wortschöpfungen wirken

183

Im Allgemeinen gehen wir davon aus, dass Kommunikation mehr ist als „Worte". Ich hoffe, Sie davon im Laufe der Lektüre dieses Buches überzeugt zu haben. Dennoch steht die Sprache an der Spitze des Eisberges der Kommunikation. Wenn alles andere „stimmig" wirkt, kommt sie erst voll zur Geltung, dann aber besonders beeindruckend und individuell. Unsere Sprache prägt uns, und sie bewusst zu benutzen, macht nicht nur Spaß, sondern ist ein wichtiges Gestaltungselement unseres persönlichen Kommunikationsstils.

> Worte sind die Spitze des menschlichen Kommunikationseisberges!
>
> Sigrid Tschiedl

Wortschöpfungen wirken

Haben Sie schon einmal gehört, wie jemand einen Begriff oder eine Redewendung, die Sie häufig benutzen, plötzlich in seinen eigenen Wortschatz aufnimmt?

Erfinden Sie manchmal Worte, die es gar nicht gibt, oder übernehmen Sie Ausdrücke, die Kinder entwickeln, wenn sie eine Sprache lernen? Diese Kuriositäten des individuellen Sprachgebrauchs lassen andere nicht nur aufhorchen, sie bilden auch einen außergewöhnlichen Teil Ihres ganz persönlichen Kommunikationsstils.

Durch Worte oder Redewendungen, die nur Sie verwenden, werden Sie unverwechselbar wahrgenommen und bleiben in Erinnerung.

Ein **Beispiel**:

In meinem Freundeskreis gab es einen legendären „Versprecher". Eine meiner Freundinnen wollte uns bei einem Treffen eine aufregende Geschichte erzählen. Sie berichtete begeistert und aufgeregt von einem überraschenden Ereignis. Dabei fiel der Satz: „Das kam alles einfach so *„unvermuttelt"*!" Sie hatte durch eine Kombination der Worte „unvermittelt" und „unvermutet" also ein komplett neues, witziges Wort kreiert. Seitdem passiert mir Überraschendes auch oft *„unvermuttelt"*! ☺

KOMMUNIKATION
Sigrid Tschiedl | Roman Szeliga

ÜBUNG/SELBSTREFLEXION:

Welche außergewöhnlichen (vielleicht sogar erfundenen) Wortkreationen verwenden nur Sie? Von wem haben Sie sie übernommen? Welche Redewendungen finden sich in Ihrem Wortschatz, die bei anderen in Erinnerung bleiben? In welchen Situationen lassen sich Ihre persönlichen Wortschöpfungen gut einsetzen?

Positiv denken, positiv sprechen

Worte sind mächtig. Sie können aufbauen oder zerstören. Denn jedes empfangene Wort wird von unserem Gehirn auf seine emotionale Botschaft hin überprüft. Das Gefühl, das es beim Zuhörer auslöst, bestimmt dessen Reaktion.

Umgekehrt drückt sich der Gemütszustand des Senders ebenso (unbewusst) in dessen Wortwahl aus. Und diese ist oft nicht unbedingt positiv.

Im Gegenteil: Ständig sind Verbote und Relationen in unserer Sprache versteckt. Da wimmelt es nur so vor Worten wie „nicht", „keinesfalls", „aber", „nur", „obwohl", „trotzdem", „ziemlich", „eigentlich" uvm.; abschwächen, verallgemeinern, klein machen, dagegen sein ist die Devise.

Meistens ist uns das überhaupt nicht bewusst. Doch wer unzufrieden ist, neigt zu negativen Formulierungen.

Wir übertreiben zum Beispiel sehr gerne. Da ist einmal etwas nicht 100 %ig gelungen und schon ist alles „total" und „absolut" schlecht!

Viele dieser „extremen" Formulierungen zur Verstärkung sind negativ besetzt: „wahnsinnig", „irrsinnig", „ungeheuer", „unheimlich" usw.

Ein Beispiel: „Ich bin *wahnsinnig* begeistert!" Wäre es nicht schöner, *„vollkommen* begeistert" zu sein?

Je nachdem, worauf Sie Ihre Gedanken richten (z.B. auf Ziele, positive Aspekte), wird Ihr Kopf für Sie die „richtigen" Worte wählen und gesamt stimmig kommunizieren. Wer positiv denkt, spricht also automatisch positiv – und umgekehrt!! Lösen Sie sich von Formulierungen, die Ihr positives Denken behindern.

Wer „ich muss" in „ich will/entscheide mich für" umwandeln kann oder „nicht" durch eine positive Zieldefinition ersetzt, beeinflusst die innere und äußere Wirkung entscheidend.

Denn Worte können trennen oder verbinden. Und wäre es nicht viel zielführender, sich öfter mit anderen *zusammen-* als *auseinanderzusetzen*? ☺

> Entscheidend ist nicht das Wort, sondern die Haltung, die dahinter steht!
>
> Sigrid Tschiedl

ÜBUNG/SELBSTREFLEXION:

Welche negativen Worte kommen immer wieder in Ihrem Wortschatz vor und behindern Ihre Kommunikation? Sind Sie ein/eine

- Verallgemeinerer/in? – man, immer, alle, nie
- Relativierer/in? – ziemlich, eigentlich, nur, relativ
- Verhinderer/in? – trotzdem, aber, nicht, obwohl

Welche Haltung steckt dahinter? Wie sehen Sie sich selbst? Was würde passieren, wenn Sie einige negative Worte ersetzen oder verändern würden?

Wie der „Schnabel gewachsen ist"

Viele Menschen sind unsicher, ob ihr Dialekt bei Gesprächen und Präsentationen störend wirkt. Dabei ist er ein sehr individueller Teil des persönlichen Kommunikationsstils und sollte nicht einfach ignoriert werden. Ob Sie im Dialekt oder Hochdeutsch miteinander reden, ist für Ihre Überzeugungskraft in der Kommunikation nicht entscheidend! Manchmal ist sogar die Konzentration auf einen unauthentischen Sprachstil eher kontraproduktiv. Wichtig ist aber, dass Sie sich auf Ihren Gesprächspartner einstellen (was er/sie versteht) und in jedem Fall, dass Sie deutlich sprechen (das geht auch im Dialekt!)! Verwenden Sie für die Artikulation bewusst Zunge, Kiefer und Ihre gesamte Mimik!

Nur „ich" bin persönlich!

Aus reiner Gewohnheit und weil wir gerne ein Rückendeckung haben, bleiben wir in unseren Aussagen oft sehr allgemein: „Man fragt sich dann oft ...", „Man hat so ein Gefühl, als ob ...", „Man kann nicht ... man muss doch ...!" usw.

Kapitel 8 › Nur „ich" bin persönlich!

Wenn Sie von sich selbst in der dritten Person sprechen, schmälern Sie Ihre Wirkung ungemein – sie erscheinen dadurch „unpersönlich"!

„ich" = jemand!

„man" = alle und niemand!

ÜBUNG/SELBSTREFLEXION:
In welchen Situationen sind Sie „ich", in welchen weichen Sie auf „man" aus? Warum? Wenn Sie von sich sprechen, bleiben Sie einfach beim „ich"! Wenn Sie von/zu jemand anderem sprechen, versuchen Sie bitte in der Ansprache so konkret wie möglich zu sein („Sie", „Name") zu bleiben. So wirken Sie gleichermaßen persönlich und wertschätzend.

Persönlicher Sprachstil macht unverwechselbar

KOMMUNIKATION
Sigrid Tschiedl | Roman Szeliga

Frage:

Manchmal weiß ich einfach nicht, was ich sagen soll. Ich habe ein richtiges „Blackout". Dann entstehen unangenehme Gesprächspausen. Wie kann ich diese überbrücken?

Miteinander reden ist für viele Menschen eine Art Prüfungssituation. Ständig sollte man die „richtigen" Antworten parat haben und schlagfertig sein. Dabei ist eine Gesprächspause kein Weltuntergang. Im Gegenteil, manchmal bietet sie beiden Seiten einen Moment zum Nachdenken und Verstehen. Wichtig ist es, Ruhe zu bewahren.

Wenn Sie nervös werden, können Sie durch eine einfache Gegenfrage Zeit gewinnen:

„Wie meinst du/meinen Sie das?", „Wie bitte?" oder „Was genau willst du/wollen Sie damit sagen/von mir wissen usw?". Damit haben Sie den Ball elegant zurückgespielt, und der andere ist wieder am Zug. In der Zwischenzeit können Sie sich eine Antwort überlegen. Wenn Sie dann immer noch nicht wissen, was Sie sagen sollen, legen Sie am Besten die Karten auf den Tisch: „Darüber muss ich noch nachdenken." Oder: „Dazu fällt mir im Moment nichts ein." bzw. „Dazu kann ich gerade nichts sagen". Sie werden feststellen, dass das meistens gar kein Problem ist. Denn jeder von uns kennt so eine Situation. Und es gibt meistens wesentlich Schlimmeres, als „nichts" zu sagen.

Wenn du redest, dann muss deine Rede besser sein, als es dein Schweigen gewesen wäre.

Arabische Weisheit

ÜBUNG/TIPP:

Bei einem totalen Blackout zählen Sie von 10 rückwärts und konzentrieren Sie sich bewusst aufs Ein- und Ausatmen. Vertrauen Sie darauf, dass Ihr Unterbewusstsein weiß, was als nächstes zu sagen ist. Ein Versuch lohnt sich, es funktioniert!

Probieren Sie in einer Gesprächspause den 3-Fragen-Check zu machen (siehe Seite 177) und dann anzusprechen, was Ihnen unklar ist:

„Ich habe das Gefühl, dass ..."
„Verstehe ich das richtig ...?"
„Ich möchte gerne ..."

In Kapitel 6 finden sich weitere Übungen gegen Nervosität.

Frage:

Ich möchte niemanden verletzen. Aber ich möchte meine Ansichten trotzdem selbstbewusst vertreten.

Wie kann ich meine Meinung sagen, ohne den anderen zu beleidigen?

Die eigene Meinung zu sagen, bedeutet für die meisten Menschen *Kritik* zu üben. Kritik gehört zu den Dingen, vor denen wir uns am meisten in der Kommunikation scheuen. Sie steht für Angriff, Abwertung und Verletzung. Wir versuchen, uns so gut wie möglich davor zu schützen. Kritik von anderen anzunehmen, geht oft mit dem Gefühl einher, versagt zu haben oder minderwertig zu sein.

Wenn es nun darum geht, anderen gegenüber Kritik zu äußern, sehen wir aus eigener Erfahrung dann oft nur zwei Möglichkeiten. Entweder wir sagen unsere Meinung und verletzen jemanden damit („Wie du mir, so ich dir.", „Das muss man schon aushalten"). Oder wir sagen sie nicht und ärgern uns („Das bringt doch sowieso nichts.", „Das ist eben mein Problem, damit muss ich leben."). Die Lösung für dieses Dilemma liegt in der richtigen Anwendung eines Kommunikationswerkzeugs, dem sogenannten „Feedback" (dtsch. „Rückfütterung"/Rückmeldung).

Durch richtiges Feedback haben Sie die Möglichkeit, anderen Ihre Wahrnehmung ehrlich zu vermitteln, sodass sie Ihr Gesprächspartner annehmen kann.

Durch ein gelungenes Feedbackgeben erreicht man viel. Unsere Gesprächspartner bekommen eine hilfreiche Rückmeldung über ihre eigene Wirkung. Die eigene Meinung hat Gewicht. Feedback bringt uns in der Kommunikation miteinander vorwärts.

Die Feedback-Regeln im Überblick

Feedback geben bedeutet:

- Die eigene Wahrnehmung beschreiben, anstatt den anderen zu bewerten.
  „Mir fällt auf, dass ...", „Ich bemerke ...", „Bei mir kommt das so an ..." (Ich-Perspektive)
- Konkret bleiben, anstatt zu verallgemeinern.
  „In genau dieser Situation ...", „Wenn das passiert ..."
- Immer auch Positives rückmelden.
  „Was mir gut gefällt/gefallen hat, ist ..."
- Den Feedback-Nehmer direkt ansprechen.
  „Du/Sie wirken auf mich ..."

Feedback nehmen bedeutet:

- Nur zuhören, nicht rechtfertigen.
- Wirken lassen, später sortieren.

Feedback geben braucht etwas Übung. Geben Sie sich Zeit, sich daran zu gewöhnen, Dinge aus Ihrer Wahrnehmung zu beschreiben, anstatt festzustellen, wie sie „sind". Um sich selbst weiterzuentwickeln, ist es auch hilfreich, sich von anderen bewusst Feedback zu holen. Eine Übung dazu ist der Selbstbild-Fremdbild-Test (siehe Kapitel 7). Auf Basis der Ergebnisse dieses Tests lässt sich das „Rückmelden" gut ausprobieren.

Tipp: Bereiten Sie Ihren Feedbacknehmer darauf vor, dass er jetzt „die Meinung gesagt bekommt", indem Sie Ihre Rückmeldung ankündigen: „Ich möchte dir gerne sagen, was ich denke, okay?" oder „Darf ich dir bitte meine Meinung dazu sagen?" Es hilft ihm dabei, sich auf das Kommende einzustellen und es besser annehmen zu können.

> **Frage:**
> *Ich möchte zwar mein Selbstvertrauen weiterentwickeln, habe aber Angst, übers Ziel hinauszuschießen! Woran bemerke ich, dass ich die Grenze zwischen gesundem Selbstbewusstsein und Selbstüberschätzung überschritten habe?*

Wer sich diese Frage stellt, ist vermutlich so selbstreflektiert, dass er von einer massiven Selbstüberschätzung weit entfernt ist.

Zur Sicherheit gibt es zwei einfache Indikatoren, die Ihnen anzeigen, dass Sie es mit dem Selbstbewusstsein übertrieben haben:

- Sie können keine Fehler mehr zugeben!
  Wo keine Fehler und Schwächen mehr eingestanden werden können, *stimmt* etwas nicht!
- Menschen, die Sie gut kennen oder die Ihnen wichtig sind, wenden ihre Aufmerksamkeit mehr und mehr von Ihnen ab, auch wenn Sie sich noch so ins Zeug legen! Selbstbewusstsein wirkt anziehend – Selbstüberschätzung wird abstoßend!

> **ÜBUNG/SELBSTREFLEXION:**
>
> In welchen Situationen fällt es Ihnen schwer, Fehler zuzugeben?
>
> Wen kennen Sie persönlich, der Ihrer Meinung nach an Selbstüberschätzung leidet? Wäre es möglich, ihm/ihr ein „Feedback" darüber zu geben (siehe „Feedbackregeln")?

Frage:

Ich bin mir oft nicht sicher, ob sich meine Gesprächspartner merken, was ich sage.

Wie kann ich sichergehen, dass meine Botschaften beim anderen „hängen bleiben"?

Hier gilt zuallererst die Devise: weniger ist mehr! Wer zu viele Botschaften aussendet, verwirrt seine Zuhörer. Drei Botschaften können wir uns problemlos merken. Was darüber hinausgeht, ist schwierig zu behalten. Prasseln zu viele Informationen auf uns ein, schaltet das Gehirn auf „Durchzug" und wir merken uns gar nichts mehr. Besonders, wenn wir uns selbst den Druck machen, uns ganz bestimmt alles zu merken.

Könnten Sie die gesamte gestrige Nachrichtensendung wiederholen? Oder ist Ihnen noch jedes Wort der letzten Kaffeeplauderei in Erinnerung? Eben!

Beim Kommunizieren konzentrieren wir uns auf das (scheinbar) Wichtigste. Den Rest kürzen, ergänzen oder verändern wir nach persönlicher Priorität und Brauchbarkeit. Das ist auch notwendig. Unzählige Informationen prasseln während eines Kommunikationskontaktes auf uns ein. Nur 0,004 % davon erreichen unser Bewusstsein (Hans-Georg Häusel, Warum Kunden kaufen). Umso wichtiger ist es, sich auf jene zu konzentrieren, die Sie wirklich bewusst vermitteln wollen.

Damit Ihre Botschaften ankommen und „hängen bleiben", kommt es auf drei Kriterien an:

- **Einfach und ehrlich**: Sind Ihre Botschaften/Informationen klar und verständlich formuliert? Was einfach ist, bleibt gut im Gedächtnis. Stehen Sie selbst hinter dem, was Sie sagen? Was ehrlich ist, wirkt überzeugend.

- **Bunt und abwechslungsreich**: Die Verpackung macht neugierig auf den Inhalt. Vergleiche, Bilder, Geschichten, Beispiele, Anschauungsmaterial – die Möglichkeiten, Botschaften spannend, humorvoll oder überraschend zu vermitteln, sind grenzenlos. Vertrauen Sie auf die Möglichkeit Ihrer persönlichen Kommunikationsmittel und lassen Sie dabei Körpersprache, Mimik, Gestik und Stimme nicht zu kurz kommen!

- **Wiederholt und nachgefragt**: Je öfter wir etwas hören, desto besser können wir es uns merken und desto mehr Zusatzinformationen nehmen wir auf. Wiederholung ist einprägsam. Sicherheit darüber, ob das Gehörte auch wirklich angekommen ist, bieten Nachfrage und Wiederholung des Empfängers mit dessen eigenen Worten. So lassen sich unterschiedliche Wahrnehmungen gut abgleichen und Missverständnisse früh ausräumen.

Mit Beispielen, Geschichten und Metaphern lassen sich Botschaften besser transportieren:

> Man nehme einfache Worte und sage damit komplizierte Dinge.
>
> Arthur Schopenhauer

Nicht alle Hühner am Balkon ...

Eine Bäuerin hatte drei Hühner, die legten ihre Eier immer in das gleiche, gemeinsame Nest. Leider waren aber jeden Tag nur zwei Eier zu finden. Die Bäuerin entschloss sich, die Sache zu beobachten. Das Resultat war eindeutig: Zwei Hühner kamen immer laut gackernd vom Nest, das dritte, immer dasselbe, schlich sich leise davon. Der nötige Entschluss war schnell gefasst: Das stille, bescheidene Huhn landete im Suppentopf.

Am nächsten Tag aber kam die Überraschung: Die Bäuerin fand nur noch ein Ei im Nest.

Aus dieser Geschichte können wir folgenden Schluss ziehen:

Es gackern viele, auch solche, die keine Leistung bringen. Oder aber:

Eine Leistung zu erbringen, ohne zu gackern, kann lebensgefährlich sein!

KOMM UNIKATION
Sigrid Tschiedl | Roman Szeliga

ÜBUNGEN/SELBSTREFLEXION:

- Woran können Sie sich von *Kapitel 3 – alle Sinne* noch erinnern? Sehen Sie nicht nach! Ein kleiner Hinweis: Es ging um Wahrnehmung und Botschaften.

  Welche Informationen waren für Sie interessant und bedeutungsvoll? Rekonstruieren Sie, was Sie noch wissen. Nun sehen Sie nach!

  Was haben Sie vergessen, weil es für Sie nicht wichtig war? Was haben Sie vergessen, obwohl Sie es sich merken wollten? Was wissen Sie noch, obwohl Sie gar nicht versucht haben, es sich zu merken? Was davon würden Sie weitererzählen?

- Welche Geschichten, Vergleiche oder Bilder finden Sie zu folgenden Themen/Botschaften:
  - Vertrauen
  - 250 Besucher
  - Entwicklung
  - 73 %
  - Liebe
  - 1.200 km

  Wie würden Sie diese Botschaften bzw. Fakten verpacken, um sie spannend transportieren zu können?

- Versuchen Sie bitte folgende Themen bzw. Funktionsweisen von Gegenständen so zu erklären, dass es ein dreijähriges Kind verstehen würde. Achten Sie dabei darauf, nicht mehr als drei Botschaften (bzw. die drei Wichtigsten) zu vermitteln:
  - Geschirrspüler
  - Ehe
  - Computer
  - Tagesablauf

> Gelungene Vermittlung von Botschaften bedeutet:
> Hören – verstehen – weitersagen! ☺

Überlegen Sie sich am Beginn eines Gespräches: „Was sind die drei wichtigsten Dinge, die ich meinem Gegenüber vermitteln will?" Wie kann ich sie gut „verpacken"?

Kommunikation bietet ein buntes, abwechslungsreiches Spektrum!

Der letzte Eindruck bleibt – das merke ich mir!

Oft sind wir so froh, ein Gespräch oder eine Präsentation hinter uns zu haben, dass wir dem letzten Eindruck keine Chance mehr geben. Dabei vergeben wir uns eine große Möglichkeit. Denn das Ende eines Gespräches ist ebenso wichtig wie der Anfang. Was wäre ein Liebesfilm ohne sein „Happyend", eine Theateraufführung ohne Schlussapplaus oder ein Marathon ohne Zielgerade?

Unterschätzen Sie nicht Ihren Einfluss auf das „große Finale"! Das Beste kommt bekanntlich zum Schluss!

Das „gelungene" Finale

- Innehalten – den Moment bewusst machen

  Es ist oft wichtig, das Ende eines Gespräches oder einer Präsentation kurz anzukündigen, damit es von Gesprächspartnern bzw. Publikum nicht übersehen wird. Eine kleine Sprechpause, Haltungsänderung oder ein einleitender Satz wie „Kommen wir nun zum Abschluss ..." o.Ä. machen klar, dass Sie nun zum Ende kommen. Ihre Zuhörer wenden Ihnen dann noch einmal bewusst ihre Aufmerksamkeit zu.

- Kurze Bilanz ziehen – Wiederholung der wichtigsten Themen und Botschaften

  Was Sie Ihren Kommunikationspartnern noch dringend mit auf den Weg geben wollen, können Sie noch einmal wiederholen bzw. kurz umreißen. Die Betonung liegt auf „kurz"! Wer ausschweifend wird bzw. wieder von vorne anfängt, vergibt sich die Chance auf einen „knackigen" Abschluss.

- Ungeklärtes ansprechen – Fragen und Aussicht
  Geben Sie auch Ihren Gesprächspartnern bzw. Ihrem Publikum noch die Chance, Dinge anzusprechen, die ihnen noch am Herzen liegen, bzw. Fragen zu klären. Achten Sie aber darauf, die Antworten kurz zu halten bzw. geben Sie Aussicht auf eine spätere Klärung, z.B. ein weiterführendes Gespräch zu einem anderen Zeitpunkt etc.
- „Danke" – Wertschätzung und Feedback
  Ein positives Feedback (z.B. Kompliment) am Ende eines Gespräches oder einer Präsentation bewirkt, dass alle Kommunikationspartner zufrieden auseinander gehen. Zeigen Sie anderen also besonders zum Abschluss Ihre Wertschätzung und Ihren Respekt! Oft genügt dazu schon ein kleines, ehrlich gemeintes „Dankeschön".

Zum Schluss noch ein wenig *Merk-Würdiges*

Ich möchte Ihnen noch ein paar Gedanken mit auf Ihren „Kommunikationsweg" geben, die mir wichtig sind und mich stützen. Vielleicht können Sie Ihnen ebenso hilfreiche Impulse geben.

- Wir wirken immer!
- „Ich" bin persönlich!
- Kommunikation bedeutet auch Emotion!
- Ein Mangel an Überzeugung wäre durch keinen instrumentellen Zauber auszugleichen!
- Nur wer versteht, kann (selbstbewusst) verändern!
- Wer heute nichts tut, lebt morgen wie gestern!
- Unsere Visionen sind unsere Möglichkeiten!

Danke für Ihr Interesse und Ihre Bereitschaft, sich auf neue Perspektiven einzulassen.

Viel Spaß und Freude beim individuellen Kommunizieren und bei Ihrer persönlichen Weiterentwicklung. Genießen Sie Ihre einzigartige Wirkung!! ☺

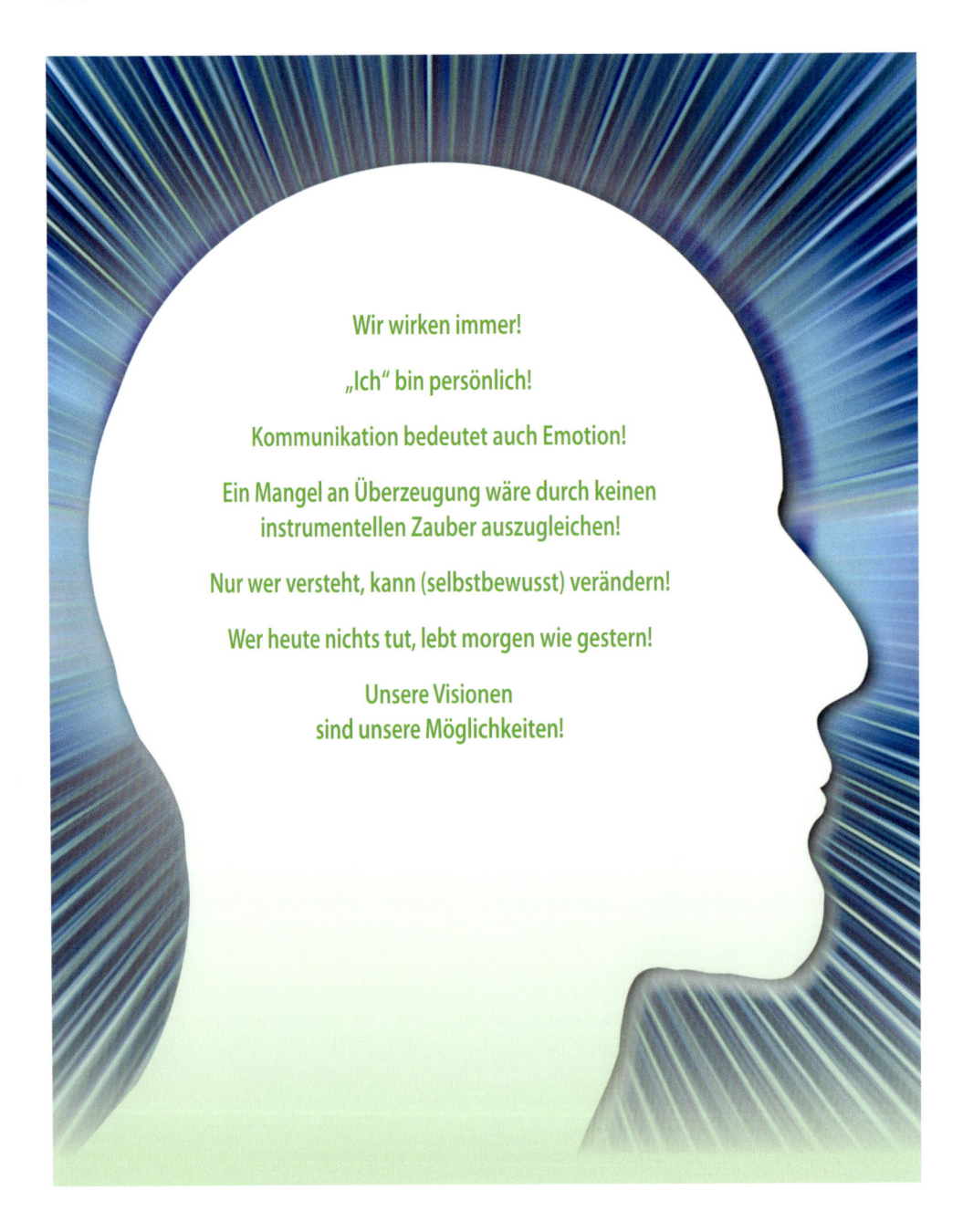

Wir wirken immer!

„Ich" bin persönlich!

Kommunikation bedeutet auch Emotion!

Ein Mangel an Überzeugung wäre durch keinen instrumentellen Zauber auszugleichen!

Nur wer versteht, kann (selbstbewusst) verändern!

Wer heute nichts tut, lebt morgen wie gestern!

Unsere Visionen
sind unsere Möglichkeiten!

Bücher, die weiterführen oder -helfen

Kommunikationspsychologie:

Miteinander reden 1, Störungen und Klärungen
Friedemann Schultz von Thun (rororo Sachbuch 1981, ISBN 978 3 499 17489 6)

Miteinander reden 2, Stile, Werte und Persönlichkeitsentwicklung
Friedemann Schultz von Thun (rororo Sachbuch 1989, ISBN 978 3 499 18496 3)

Miteinander reden 3, Das „innere Team" und situationsgerechte Kommunikation
Friedemann Schultz von Thun (rororo Sachbuch 1998, ISBN 978 3 499 60545 1)

Anleitung zum Unglücklichsein
Paul Watzlawick (Piper München 1983, ISBN, 3 492 02835 7)

Körpersprache/Mimik:

Körpersprache, verräterische Gesten und wirkungsvolle Signale
Monika Matschnigg (GU 2007, ISBN 978 3 8338 0789 3)

Die Weltsprache der 43 Muskeln. Forscher entschlüsseln das Vokabular unserer Mimik.
Ute Eberle, Bild der Wissenschaft. Januar 2004, S. 24–31.

Präsentation/Rhetorik/Stimme:

So werden Sie gehört
Daniela Zeller (Ueberreuter 2009, ISBN 978 3 8000 7406 8)

Rhetorik
Peter Flume / Wolfgnang Mentzel (Haufe 2008, ISBN 978 3 488 09099 4)

Präsentationstraining
Dieter Gerhold (Junfermann 2003, ISBN 3 87387 552 7)

Die Macht der Rhetorik
Roman Braun (Piper Verlag, ISBN 978 3636 014252)

Humor/Kreativität:

Erst der Spaß, dann das Vergnügen, Mit einem Lachen zum Erfolg
Roman F. Szeliga (Kösel Verlag, ISBN 978 3 466 30931 3)

Der Humor Faktor
Thomas Holtbernd (Junfernmann Verlag)

Schlapplachtheater, Comedy mit Kindern, Jugendlichen und Erwachsenen
Peter Thiesen (Beltz Taschenbuch 1999, ISBN 3 407 22037 5)

Einfälle für alle Fälle
Jack Foster/Larry Corby (Ueberreuter Verlag, ISBN 3 636 011839)

Bühne:

Workshop Improvisationstheater,
Übungs- und Spielesammlung für Theaterarbeit, Ausdrucksfindung und Gruppenarbeit
Radim Vlcek (Auer 2009, ISBN 978 3 403 03423 0)

Business/Job:

Die 75 besten Managemententscheidungen
Stuart Crainer (Ueberreuter Verlag, ISBN 3 478 81272 0)

Marketing spüren
Christian Mikunda (Redline Verlag, ISBN 978 3 636 01424 5)

Lila Kühe leben länger
Claudia Cornelsen (Ueberreuter Verlag)

Wie komme ich zu meinem Wunschjob?
Elfriede V. Gerdenits (Redline Wirtschaft 2007, ISBN 978 3 636 01480 1)

Seminarliteratur:

Kommunikationstrainings erfolgreich leiten
Thomas Schmidt (managerSeminare 2006, ISBN 978 3 936075 40 9)

Konfliktmanagement - Trainings erfolgreich leiten
Thomas Schmidt (managerSeminare 2010, ISBN 978 3 936075 90 8)

Register

A

Abstand zum Gesprächspartner 43
Ähnlichkeit 49
Alleinunterhalter 161
Analytiker 160
Anekdote 154
Appell 66
Appellohr 70
Aufmerksamkeit 90
Auftreten, sicheres 91
Auftritt 146, 147
Ausdruck 65
Authentizität 96

B

Balance 154
Bauchgefühl 170
Begegnung 44
Begrüßung 36
Benehmen 94
Besserwisser 160
Beurteilungen 166
Bewertungen 166
Beziehung 44
Beziehungsaspekt 66
Beziehungsebene 44
Beziehungsohr 70
Blackout 188

Blickkontakt 36
Botschaft 64, 71
Bühne 128

C

Charakter 159
Charisma 87
Charme 86
Charmeur 106
Cliniclowns 109

D

Darstellung 150
Definieren 138
Dialekt 186
Distanz 43
Distanzierter 161

E

Einfühlungsvermögen 90
Eisberg-Modell 45
Emotionen 26, 154
Empfänger 64, 69
Erster Blick 38
Erster Eindruck 36

F

Feedback 189

Finale 195
Flexibilität 94
Frankl, Viktor 109
Fremdbild 163
Freud, Sigmund 44

G

Gefühl 62
Gegenfrage 188
Gesprächspause 188
Glaubwürdigkeit 31
Gleichgewicht 155
Grundposition 149

H

Händedruck 41
Herzensangelegenheit 175
Herzlichkeit 95
Humor 108
Humor als Problemlöser 113

I

Ich-Perspektive 190
Improvisieren 139
Impulse 94
Indifferenzlage 29
Individualität 88
In-Group 49
Inneres Trio 169
Intelligenz 159
Interpretation 64
Intuition 159

K

Knigge, Adolph 90
Komfortzone 171
Kommunikation, Wirkung der 17

Kommunikationsquadrat 66
Kommunikationsstile 161
Kommunikationstypen 161, 163
Kompliment 98
Konfliktpotential 165
Konfrontation 43
Kongruenz 33, 143
Kopfarbeit 173
Körpersprache 23
Kraftsätze 149
Kreativität 110
Kreislauf der Axiome 19
Kritik 189
Kritiker 160

L

Lächeln 102
Lampenfieber 146
Lebenserfahrung 159
Letzter Eindruck 195

M

Marke ICH 122
Mehrabian, Albert 30
Meinung sagen 189
Menschenkenntnis 159
Mimik 26
Motivatoren 175

N

Nachricht 65
Nähe 48
Nervosität 146
Neurolinguistisches Programmieren .. 57
NLP 57
Nonverbale Kommunikation 18

O
Ohren, vier 69

P
Paradoxes 113
Persönlichkeit 20, 88
Perspektive 165
Positiv denken 184
Präsent sein 144
Präsentation 128
Präsentieren 128
Präsenz 52
Probieren 139
Publikum 141
Pünktlichkeit 95

R
Rampenlicht 128
Reiz 57
Respekt 144, 167
Risikozone 171
Rolle 130
Rückmeldung 189

S
Sachaspekt 66
Sachebene 44
Sachohr 70
Sanfter Kommunikationstyp 161
Schublade 165
Schultz von Thun, Friedemann ... 44, 66
Selbst- und Fremdbildtest 163
Selbstaussage 66
Selbstaussageohr 70
Selbstbewusstsein 20, 91, 128
Selbsteinschätzung 163
Selbstoffenbarungsaspekt 66
Selbstüberschätzung 191
Selbstverantwortlich 176
Sender 64
Sicheres Auftreten 91
Sinn 57
Sinn für Humor 108
Situationskomik 118
SMARTE Ziele 176
Stimme 28, 39
Sympathie 46

T
Theater 128
Toleranz 167

U
Unterbewusstsein 99, 170
Unterstützer 161

V
VAKOG-Modell 57
Verallgemeinernder
Kommunikationstyp 160
Verbindlichkeit 94
Vergleich, kritischer 142
Verhalten 159
Verurteilung 143
Vielfalt 154
Vier Ohren 69
Vier Seiten einer Nachricht 65
Vier-Seiten-Modell 66

W
Watzlawick, Paul 17
Werte 167
Wertschätzung 167
Wiederholung 196

Wirkung 30
Wortschatz 183
Wortschöpfungen 183

Z
Zwischenmenschlicher Kontakt 166

Bildquellennachweis

Aebli, Marc/pixelio: S. 162
Albrecht, E.: S. 36
Altmann, Gerd/pixelio: S. 55, 198
Arnold, Albrecht E./pixelio: S. 77
Babiak, Robert/pixelio: S. 62
Bildagentur Waldhäusl: S. 60, 85, 189
Bildpixel/pixelio: S. 75
Bucurescu, Alexandra/pixelio: S. 136
Bullspress: S. 37, 108, 126
DigitalVision: S. 96, 100
dixiland/pixelio: S. 182 o.
dreapelle/pixelio: S. 112
Erbel, Christina/pixelio: S. 145
Espana, Elke/pixelio: S. 186
Gastmann, Konstantin (goenz-com-photography-berlin) /pixelio: S. 41
Hahsler, Lisa: S. 19, 30, 45, 170, 180
Hardy5/pixelio: S. 22, 93
Hautumm, Claudia/pixelio: S. 193
Havlena, Günter/pixelio: S. 18
Heimerl, Jürgen/pixelio: S. 28
HH, Axel on de.wikipedia: S. 90
HMH, Peter/pixelio: S. 87
Hofschläger, Stephanie/pixelio: S. 20, 158
IchSelbst! /pixelio: S. 129
Jerzy/pixelio: S. 178
Knipseline/pixelio: S. 52, 98
Knipser5/pixelio: S. 110
Leininger, Kurt Wolfgang: S. 25 (4 ×), 27 (7 ×), 39 (2 ×), 83 (3 ×), 153 (3 ×)
Meister, Paul Georg/pixelio: S. 133, 134
Mertes, Michael (Aristillus)/pixelio: S. 66, 67, 70 (Uhr)
MietzeMau/pixelio: S. 58 (Auge)
momosu/pixelio: S. 177
Müller, Thomas Max/pixelio: S. 51, 121

PhotoAlto: S. 15, 16, 33, 35, 42 (2 ×), 50, 58 (Hand, Ohr, Lächeln), 61, 64, 69, 81, 84, 86, 95, 105, 117, 122, 127, 138, 142, 147, 151, 155, 157, 159, 160, 167, 174, 181, 182 u., 184, 187, 191, 192, 195, 196
Privat: S. 5, 7
Reinkober, A. /pixelio: S. 70 o.
Rossmann, Sigrid/pixelio: S. 172
S., Clarissa/pixelio: S. 58
Schaub, Hagen: S. 140
Schmidt, Karin/pixelio: S. 26, 38
Schrampf, Martin: 130
SGS/pixelio: S. 56
sparkie/pixelio: S. 165
Ständecke, Sebastian (ideas-ahead) /pixelio: S. 103
stefane/pixelio: S. 109
Steinbrich, Uwe/pixelio: S. 47, 125, 143
Sturm, Rainer/pixelio: S. 31, 66, 70 u., 74, 124
Timofeev, Mikhael/pixelio: S. 166
Trampert, Ulla/pixelio: S. 63
van Melis, Rolf/pixelio: S. 72, 107
Weiss, Thommy/pixelio: S. 102
www.JenaFoto24/pixelio: S. 119, 173